仙台怪談

森野美夜子
藤田りんご
久田樹生

竹書房
怪談
文庫

目次

※本書に登場する人物名は、様々な事情を考慮してすべて仮名にしてあります。また、作中に登場する体験者の記憶と体験当時の世相を鑑み、極力当時の様相を再現するよう心がけています。現代においては若干耳慣れない言葉・表記が登場する場合がありますが、これらは差別・侮蔑を意図する考えに基づくものではありません。

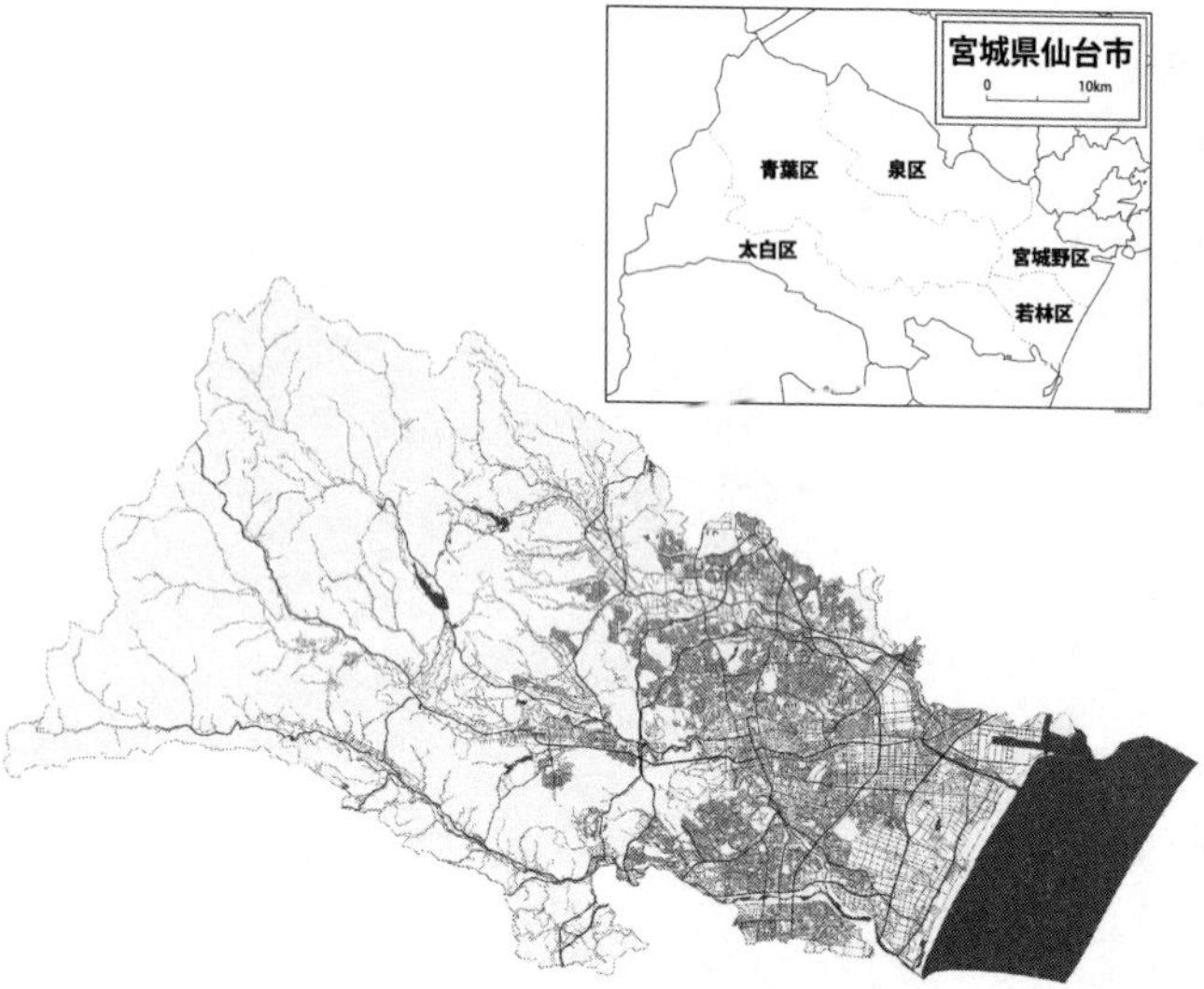

宮城県の県庁所在地である仙台市は、県中部に位置する東北地方唯一の政令指定都市である。青葉区、宮城野区、若林区、太白区、泉区の五つの行政区に分かれており、都心部でも自然が豊かで、街路樹などの緑も多いことから、「杜の都」と呼ばれている。

青葉区は仙台駅ほか行政機関が集中する市の中心地。北東部の宮城野区は仙台港を有し、岩切城跡や古い寺社などの歴史的施設が集まる。同じく仙台湾に面する若林区は荒浜など津波で大きな被害を受けたが、仙台市中心部よりも古い歴史を持つ地域である。市の南側の太白区は区名の由来となった太白山ほか山と渓谷の景勝地が点在する。北の泉区は仙台市のベッドタウンとして栄えた泉市が一九八八年に仙台市に併合され、翌年泉区となった。区名は区内北西に位置する泉ヶ岳に由来する。

青葉区

6

お化けトイレ

仙台駅から徒歩二十分ほどの距離に藤坂神社がある。かつては道路向かいに仙台平の織物工場があり、そこに祀ってあった織り姫を移した神社だと言う。神社の左にある階段は仙台七坂の一つである藤ヶ坂、神社の上には大きな藤棚と藤尽くしの神社だ。

ここには琵琶首公衆便所という小さな公衆トイレがあった。

ただ仙台の中心部から少し離れている上に住宅地が近いので、公衆トイレを必要とする人がいるとは思えない。実際、利用者は少なかった。

ところがこのトイレの水道料が二か月で十万円以上に跳ね上がり、これがしばらく続くようになった。一日に四トン以上の水を使わなければこんな金額にならないことから、漏水や盗水、様々な可能性を考慮して原因を調査したが、結局のところわからずじまい。蛇口ハンドルを針金でぐるぐる巻きにして水が出ないようにしてもダメだった。

地元紙の記事にもなり、テレビ番組がレポートしたこともある。

しかしレポーターがトイレにいるときは何も起こらず、トイレを出ると中から水音が聞こえたという。

困り果てた仙台市は故障を理由に水抜き栓を閉め、トイレの入り口に板を張った。

それでも中から水の音がするとの噂が出る。

結局、トイレは取り壊されてしまった。

トイレの名前になっている琵琶首は神社近くの地名で、現在の地名は花壇。仙台藩の刑場が最初にあったところだ。刑者は刑場手前の清水で最後の水を飲み、刑が執行されたという。

またトイレから徒歩六分のところに水牢に閉じ込められて殺された仙台キリシタンの殉教碑がある。

水と水。これには何か関係はあるのだろうか。

仙台四郎の木

商売繁盛の神様として知られる仙台四郎は江戸時代末期から明治三五年頃に実在した人物である。

知的障害があった四郎は会話も碌にできなかったが、笑顔を絶やさず愛嬌のある風貌をしていたので、嫌う人は殆どいなかったという。

一説に依れば四郎は裕福な職人の息子で金には困らなかったらしく、気ままに町を歩き回っては気に入った店にふらりと入ることを日課のようにしていた。

そして不思議なことに、四郎が立ち寄る店は人が集まり繁盛するようになったので、いつしか「福の神」と呼ばれるようなった。

そうなると四郎を呼び込もうとする店も現れる。しかし四郎は気に入らない店には絶対に入らない。四郎が自分で選んだ店にだけ福は訪れるのだ。

四郎が亡くなると仙台市内のある写真館が「四郎の写真を飾れば商売繁盛の御利益がある」と写真販売を始めた。「商売繁盛の神様」の誕生である。

平成に入った頃、上杉にある銀杏の木の根元に花が置かれるようになった。

9　　仙台四郎の木

三瀧山不動院の仙台四郎像（撮影：久田樹生）

近所の住人は訝しんだ。交通事故で亡くなった人がいるのならわかるが、そんな事実はない。

しかし、置かれる花は増える一方である。住人達が困惑していると、仙台四郎の写真、木製の祠、あげくは賽銭箱まで置かれるようになった。

手を合わせてお賽銭を上げる人を捕まえて訳を訊けば、「この木の根元で仙台四郎が死んだらしい」とか「この木は仙台四郎の生まれ変わりらしい」などと言うことがバラバラでますます訳がわからない。

しまいには〈仙台四郎の手植えの銀杏〉と書かれた案内板まで設置されたが、長年の住人が誰も知らないのだから全くのでたらめである。

上杉地区は仙台駅に近い、高級住宅地だ。

そのため「美観を損ねる」と怒る住人もいたが、この騒ぎをどうやって収めればいいのか誰も見当が付かない。

騒ぎを知った地元紙が事実無根であることを記事にすると、参拝者はしだいにいなくなり、写真、祠、賽銭箱、案内板もいつの間にか片付けられた。

誰が始めて、どうやって広まったのかはわからない。

なので仙台四郎の木はまた現れるかもしれない。

ブロマイド

仙台四郎に纏わる話をもう一話。

二十代の井川さんは、彼女と仙台市に観光へやって来た。

世界的疫病の合間、漸《ようや》く移動制限が解けたときだ。

お気に入りの球団の本拠地ということもあり、スタジアムで試合も楽しんだ。

また、突如風景に浮き上がる白く巨大な観音像――仙台大観音もその目で直に見て、とても驚いたようだ。

仙台大観音は、泉区にある。

ある実業家が建てたもので、台座を含めて百メートルの威容を誇る。

地下は二十一メートルまで掘られているらしいが〈仙台市市制百周年を祝い、百メートルにし、二十一世紀の繁栄を願って、地下は二十一メートルまで掘った〉という。

内部の拝観もできるらしいが、そのときは足を運ばなかった。

当然、他にも仙台市の美味しいものや観光地も楽しんだ。

その中で少しだけ気になるものがあった。

そう。仙台四郎である。

福の神、仙台四郎のブロマイドを持てば幸運が訪れる。

仙台市のことを調べていたとき、ネットで見かけた情報だ。

実際、仙台市内を歩くと色々な場所に仙台四郎を見かけることがあった。

仙台四郎の画を飾る神社もあれば、仙台四郎そのものを祀るお寺さえ存在している。

繁華街・クリスロード商店街の一角にある三瀧山不動院がそれだ。

チェーン店のカフェと回転寿司の店に挟まれているが、そこだけ違う景色を填め込んだようで、周囲から浮き上がって見える。

商店街そのものを異化するような威容を誇っていた、とも言えようか。

一歩中に入ると線香やお香の香りが強くなる。

通路の左右は仲見世が軒を連ねており、不動尊甘栗やお茶、御札、仏具、仙台四郎グッズが売られていた。

そのまま進んで階段を上った先が本堂になる。

途中、仙台四郎像が飾ってあり、実に〈らしい〉場所になっていた。

地元の人や観光客らしき人々がひっきりなしに訪れており、今も仙台四郎に高い人気があることを忍ばせる。

彼女とお詣りを済ませ、四郎グッズを買おうと仲見世に寄った。

しかし、彼女はあまり乗り気ではなかった。ビジュアルが気に入らないと言うのだ。幸運を得られると説得するが、首を縦に振らない。仕方なく、その場を離れた。

そのまま繁華街を抜けたときか。

道に迷った。スマートフォンのナビ通りに歩いていたはずが、間違えたらしい。少し人通りの少ないビルや住宅の合間を通る道だ。

画面と周りを見比べていると、建物に挟まれた小さなお社があるのが目に入った。赤と白で塗られた木造で、自分の胸辺りの高さしかない。正面に鳥居のようなものはないが、カップ酒やちょっとしたものが供えられていた。

ただし、何となく社と言い切るには違和感が浮かぶ。何処がどうだと言えない。そこまで社関係に詳しくないからだ。仙台市独特の造りなのかどうかも判断が付きかねた。

興味がないのか、隣では彼女が手持ち無沙汰に自分のスマートフォンを見ている。社に目を戻せば、一枚のモノクローム写真のようなものが視界に入った。大きさははがき大だ。お供えするように縦に置かれている。

そこには、いがぐり頭に腕組みをした縞模様の着物を着た男性が、微笑んでいた。まさに仙台四郎のブロマイドだ。

ふ、と魔が差した。

周囲と彼女の目を盗み、そっとボディバッグへブロマイドを隠し入れる。

ああ、これで幸運がやってくるぞ、と内心ほくそ笑んだことは言うまでもない。


仙台市旅行が終わり、自宅アパートへ戻った。

荷解きを終え、バッグからブロマイドを取り出した。

一部の角が折れている。裏側は無地で、少し染みのような汚れがあった。

念のため、スマートフォンで仙台四郎の画像を表示して、見比べる。

まさしく四郎の姿に違いない。

ただ、膝と膝との間に、出してはならぬものが存在している。

陰茎、である。

調べると男性器が写ったバージョンの仙台四郎もあるらしい。

事実、四郎の座像ではその部分をしっかりと造形したものも多い。

自分が持ってきたブロマイドに映った陰茎を眺めながら、何となく御利益のパワーも上がったような気がして、とても嬉しかったことを覚えている。

仙台四郎のブロマイドは、プライベートではバッグに忍ばせ、仕事中はシステム手帳に挟んで持ち歩いた。

実際、旅行後から井川さんには幸運が舞い込むようになった。

仕事の成績も棚ぼた式に上がり、臨時ボーナスが出た。

おかげで上司の覚えも良くなって、評価もうなぎ上りだった。

会社そのものの業績が上がりつつあることも実感できる。

また、これまで懸念事項だった小さな借金も、何かと入ってくる臨時収入で返し終えた。

何となくこの幸運の連続を利用できないかと、ネットや雑誌の懸賞へ送ってみた。意外なほど当たってしまった。

ああ、これは仙台四郎パワーだと確信を深めた。

（これなら、年末ジャンボを大量に買い込めば前後賞まで当たるんじゃないか）

最大当選金が当選したことを夢見てしまう。

当たったら、彼女に高額な婚約指輪を贈り、プロポーズして、豪勢な結婚披露宴と新婚旅行。豪邸を建ててそこで暮らす。

（いいじゃん、いいじゃん。これは買うしかない）

井川さんは、年末の宝くじの発売を待った。

が、秋のことだった。

彼は肋骨を折った。

軽くしゃみをしてから、脇腹が痛いなと放置していたら、激痛へ変わった。通常の生活を送るだけで脂汗が出る。慌てて病院へ行くと、肋の骨折だと言われたのだ。

それだけではない。

持っていた自転車やバイクの盗難被害に遭った。犯人はわからなかった。

加えて彼女の心が離れだした気もする。別の男の影も感じた。

弱り目に祟り目の状態だ。

彼は仙台四郎のブロマイドを拝み、一心に不幸が去ることを願った。

それでも効力はない。

会社で謂われのない誹謗中傷を受け始めた。上司から疎《うと》んじられ始める。

更に、覚えのない経費の使い込み疑惑の主犯に据えられそうにすらなった。

毎朝どころか、会社のトイレでもブロマイドを拝む毎日だが、不運は続いた。

やがて年末が近付き、年末ジャンボのコマーシャルが流れ始めた。

夜、自宅で井川さんはいつものようにローテーブルに置いたブロマイドを拝んだ。

「不幸が去りますように。幸せになりますように。幸せになりますように……」

床に額を擦り付け、両手を合わせて長い時間願った。

顔を上げ、ブロマイドを見下ろした瞬間だった。

思わず声が漏れた。

ブロマイドが、仙台四郎ではなくなっている。

否。

仙台四郎そっくりなのだが、違う、と言えば良いか。

縞模様の着物。いがぐり頭。腕組み。まろび出ている陰茎。これは変わらない。

しかし、顔が違う。

これまで見ていたものと違い、醜悪さと邪悪さがあった。

笑っているのだが、せせら笑っているように思える。

スマートフォンで四郎の写真を表示させると更に別人の顔だとわかった。

それだけではなく、ポーズや着物のディティールなど、細部が異なっている。

持ち帰った日に見比べ、確認したが、あのときは全く同じだった。しかし今は違う。

もう一度じっとブロマイドの顔を調べた。

誰かに似ている気がした。性根の悪そうな顔だ。険もある。先日亡くなった祖母が言っていた〈近付いてはいけない厭らしい顔〉とはこんな感じではなかったか。

似ている相手を思い出そうとするが、どうしても出てこない。

それ以前に、こんなものを持ち歩き、崇拝していた自分が信じられなかった。

ブロマイドをつまみ上げ、キッチンのシンクへ持って行く。

コンロで火を点けるが、燃え上がらない。

何分も炙っているはずなのに、どうしても火が点かないのだ。

嘘だとしか思えない。どうしようもなくなり、鋏で切り刻んだ。レジ袋に放り込み、そのまま自宅を出て、外のコンビニへ棄てた。強いチューハイを買い、そのまま部屋へ戻ると一気に飲み干したが、一向に酔えない。何缶も飲んで、漸く気絶するように眠ることができた。


ブロマイドを手放した日を境に、不運が僅かずつだが去っていった。

今は普通の生活に戻っている。もちろん、会社で持たれた疑いや誹謗中傷の余波は残っており、やや居心地の悪さがある生活だ。

彼女とは別れた。

井川さんの先輩と浮気を続けていたことがわかったからだ。

いつ二人が繋がったのかはわからない。

先輩と彼女のことが発覚したきっかけがある。

それは彼女の火傷だった。

ブロマイドを棄てた翌日、彼女に連絡するが返事がない。アプリの既読も付かない。

実家住まいだったので、訪ねてみた。すでに彼女の両親とは顔見知りであり、偶に一緒に食事をしているからこそできたことだ。

出てきたのは父親で、落ち着かない様子だ。

娘が大怪我を負っている、今からまた病院だと言うので、驚いた。訳を訊くと、石油ファンヒーターに灯油を入れる際、何かをミスして引火、広範囲を火傷したらしい。

自分も行くというと、父親は「来ないで良い。落ち着いてからにしてくれ」と断られた。

その後、彼女が火傷を負ったのが先輩の部屋であったことが、共通の友人からの情報提供でわかった。

婚約をしていた訳ではなかったので、ただ別れるだけになってしまった。

先輩は今も会社に残って重用されている。元彼女は棄てられたようだ。

今も元彼女は火傷の後遺症に悩まされていると知人達から聞く。

しかし、何かをしてやる気持ちにはなれないままだ。


つい先日、お気に入りだった球団の試合をテレビで見かけた。

あの仙台四郎じゃなかったブロマイドのことも同時に思い出す。

いったい、あのブロマイドは何だったのか。

ネットで調べてみるが同じようなものは何ひとつなかった。

もう一度、あの社を探したい気持ちに駆られた。しかしそれも難しいだろう。道に迷った挙げ句辿り着いた先にあった上、今となっては道順すら完全に覚えていないのだから。

もちろん、一緒に行った元彼女に訊く気もさらさらない。

だから、ブロマイドの正体は未だ謎である。

本当の仙台四郎は、今も仙台市民に愛され、優しく微笑み続けている。

潜伏キリシタン

これは、現在は六十代後半の田淵さんが、十八歳か十九歳だった頃の話である。出身は西日本だが、高校卒業と同時に就職のため、仙台へ移り住んだ。機械メーカーの営業で、配属先が仙台市だったのだ。

「学生時代から、キリスト教弾圧の歴史には興味があったんです。遠藤周作の『沈黙』を読んだのがきっかけでした。昭和の昔に書かれた小説ですが、何年か前に映画化されたので、若い人も知っているかもしれません。壮絶な描写に心を打たれました」

穏やかな口調でそう語る田淵さん。

仙台市に配属されてすぐに、ここにも『沈黙』のように様々なキリスト教の弾圧に纏わるドラマがあったということに気付いたという。

「私が一番ドラマチックだと思うのは、支倉常長です」

支倉常長は、主君である伊達政宗の命を受けて、遣欧使節としてヨーロッパへ向かった。使節の目的は通商交渉だと言われている。長い船旅の果てに、エスパーニャ（スペイン）やローマまで行った常長だったが、このときすでに日本ではキリスト教弾圧が始まっていたことから、キリスト教国との通商交渉は不首尾に終わってしまった。

だが、滞在中は歓迎ムードで、スペインのマドリッドではスペイン国王やフランス王妃の列席する中、洗礼を受けカトリックとなった。また、ローマでは貴族の位とローマ市民公民権が与えられた。

こうして数年の欧州滞在の後に帰国すると、日本では禁教令が出されていた。キリシタン大名、高山右近らは国外追放、京都の六条河原でキリシタン五二名が処刑されるなど、キリスト教への弾圧は強まる一方だった。

「意気揚々と日本を出発したのだと思うんですよ。なのに、帰国してみたらキリスト教は厳しい弾圧の対象となっていた。支倉常長は、どんな思いだったんでしょう」

支倉常長だけではない。

広瀬川近くには「仙台キリシタン殉教碑」がある。これは、今も訪ねることができるスポットなのだが、田淵さんが就職して仙台に来たばかりの頃は、まだ建てられてそれほど時間が経っていなかった。

この碑を訪ねてみようと、田淵さんは会社が休みの日に、自転車で広瀬川まで行ってみることにした。

「仙台キリシタン殉教碑」は、伊達政宗が藩主だった当時、ポルトガル人宣教師カルヴァリヨ神父と潜伏キリシタン（隠れキリシタン）八名が捕らえられ、大雪の中を引き回され、最後には水攻めにあって殉教したという出来事を風化させないために建てられた碑である。

23　潜伏キリシタン

キリシタン殉教碑（撮影：森野美夜子）

広瀬川に、キリシタン殉教碑がある。

その名の通り、殉教したキリシタンの顕彰碑である。

宣教に力を入れていた宣教師とキリシタンら９名は、真冬の広瀬川に設えられた水牢に縛され、息を引き取っていったという。

当然の如く心霊スポットとされたが、殉教した彼らはどのように感じているだろうか。

殉教、というのは、信仰のために命をささげることである。

どんなに凄惨な拷問を受けても、信仰を曲げることはなかった殉教者に思いを馳せながら、田淵さんは広瀬川沿いを、自転車を降りて押しながら、ゆっくりと歩いた。

殉教碑には、三人の人物の像が建っている。真ん中の人物は、ポルトガル人宣教師カルヴァリヨ神父。その左右に、武士と農民が建っている。

彼ら殉教者達は、二尺（六〇センチ）ほどの深さに水を張った水牢の中に立てられた杭に着物をはぎ取られた状態で縛り付けられ、極寒の水から逃れられないように固定された。見物人達が口々に、信仰を手放すように説得する。神父は祈りの姿勢を崩さずに皆を励まし続けたものの、三時間後、水牢から引き揚げられたときには二人のキリシタンが命を失った。

その四日後、生き残った七人に再び水牢での水攻めが行われ、凍てつく水の中、次々と息を引き取っていったという……。

川沿いを歩く田淵さんの脳裏にはは、まるでその場にいるかのように映像が浮かんだ。上手く表現できないのですが……と前置きして、田淵さんはそのときの気持ちを「何とも言いようもない寂しさ。そして、胸が痛くなるほどの将来への強い不安」と語った。

季節は春。うららかな空気の中、突然、脈絡もなくこんな不安な気持ちが襲ってくるなど、思いがけない事態に混乱しつつも、不安は更に襲い来る。

——自分の行く末が暗澹たるもので、かつ、世界にも希望がなくなる。

そう感じたという。

——これは決定事項なのだ。

とも強く思った。訳のわからない不安に押しつぶされそうになりながら、何故か、

——入水したい。

という思いにとらわれた。

水責めの殉教者のことが、我がことのように感じられた。

「そうすれば楽になる」

そのときは、ただただ「この不安から、この絶望から、この暗澹たる未来から解放され、楽になりたい」という気持ちでいっぱいになったのだ。

田淵さんは、今すぐにでも押している自転車を放り投げて、目の前の広瀬川に沈んでしまいたいという欲求に駆られた。

今でもいったいあれは何だったのかと思うくらいの強い衝動だった。

水責めにあった殉教者のことを考えていたから、こんな気持ちになっているのではないか。

田淵さんは一瞬そう考えそうになって、慌ててそれを打ち消した。

よくよく考えると、殉教者は拷問として水責めにあったのであって、入水（自殺）した

のではない。しかも、自殺はキリスト教では「決して、してはいけない」ことである。水責めされた殉教者のことを思って、入水したいなんて気持ちになるのは絶対におかしい。

そう、何かおかしいのだ。

――この場所から離れなければ。

そうしなければ、死を選んでしまいそうになる自分と戦いながら、自転車を押した。

ずっしりと重く感じる自転車を無心で押し、何とか川辺から少し離れた道まで出たところで、漸く自分の中から湧き出ていた得体の知れぬ不安や、楽になりたいという思いが薄らいだ気がした。川から離れるにつれ、押していた自転車も軽く感じられる。

田淵さんは、急いで自転車にまたがると、人の多い所へ向かった。とにかく、一人でいてはいけない。そう思ったのだ。

自転車を漕いで、人気の多い国分町まで来たところで、漸くほっとした気持ちになれた。そこで、目に付いた大衆食堂に入って、壁際のテーブルでラーメンを食べた。

「どんな味がしたのか、全く覚えていないんですけどね」

と、田淵さんは笑う。

不思議な体験だったが、無事にここまで逃げきることができて、ほっと一息ついたつもりだった。が、それでは終わらなかった。

「箸を動かす度に、誰かがこちらを覗き込む気配がするんですよ。しかも、壁がある左側から」

気配のする左側へ目をやるけれど、誰もいない。身体を捻って、後ろまで見たけれど、誰もこちらを覗いてはいない。もちろん、相席になった客もいない。

店内には、まばらに客がいたのだが、皆、こちらには関心もなく、思い思いに自分の食事をしていた。まさに、普通の食事の風景だった。

おかしいな、と思いつつ、また箸を動かすと、今度は左側に男の顔が見えた。ゴツゴツした壮年の男の顔だ。目つきは鋭く、肌は日焼けしている。だが、ハッキリとは見えない。横顔なので、人相も正しくはわからない。左側は壁で、人が座れるような空間などない。それなのに、男がいる。

「○×▽▲……」

食堂のおかみさんが、何やら話しかけてきた。

だが、田淵さんには一向に聞き取れない。

耳から入る音は、日本語。それも東北訛りがあるのはわかる。現在の仙台市は標準語に近いイントネーションだが、昭和の時代はもう少し訛りの強い人が多かった。とはいえ、何を言っているのかわからないということはない。このおかみさんの言葉は、岩手、秋田辺りから嫁いできたか、夫とともに移り住んできたかだろう、とこのときの田淵さんは思った。それにしても、意味を捉えることができない。

「×□◎▽、どうかしましたか?」

辛うじて「どうかしましたか?」という音が聞き取れるのだが、それ以上のことがわからない。その合間にも、左から男の顔が覗き込んでくる。

——ああ、自分はおかしくなったのだ。

そう思って、勘定をテーブルに置いて、走り去った。

自転車を漕ぎながら、ふと気が付くと、左側の男の顔はいつの間にか消えていた。

それから、自分のアパートに帰る気になれず、人通りのある国分町の道を自転車でゆっくり走っていると仙台支社の先輩に出くわした。

「お、田淵じゃないか。偶然だな。こんなところで何してるんだ」

言葉がわかる!

先輩の、目じりの下がった柔和な丸顔を見て、ほっとして泣きだしそうになった当時十代の田淵さんであったが、そこはグッと涙をこらえた。

そこで少しの間、たわいもない話をした。心細さもあって、たくさん話していたかったのだが、先輩は「これから女のところへ行くから、すまん」と言って、去っていった。

一人になるのは嫌だ。そう思ったが、まだ仙台へ引っ越してきて間もないため、知り合いは少ない。仕方なく、町中をぶらぶらしてから一人暮らしのアパートへ戻った。

その日の夜中。アパートの部屋で寝ていると。

――うわん、うわん。

加工機械の調子が悪いときに出るような、騒音がして目が覚めた。

「軸が曲がったモーターが唸るような感じの音でした。その音は最初、天井からしていたんですが、畳まで降りてきて、その後、すーっと横移動して消えたんです」

その正体は、何だったのか、今でもわからない。

そして、休み明けの翌日。

昨日国分町で会った先輩は、無断欠勤をした。

「女のところに行った翌日、無断欠勤だなんて、ずいぶんお楽しみだなぁとそのときは思ったのですが、次の日も、その次の日も先輩は欠勤したんです」

数日後、先輩は変わり果てた姿で発見された。

それは、先輩の住むアパートから遠く離れた、県境近くの作業小屋であった。

社内の噂話だが、自死だったのではないかと言われている。その顔の左半分はえぐれ、左半身は擦過傷が多数あったと伝えられた。

「社内では大事件でしたよ。皆が先輩の死のことをあれこれ推測していました。ただ、そんな死体であったなら、新聞に載ってもおかしくないと思うんですが、当時の新聞には載っていませんでした。だから、遺体の左半分の顔がえぐれていたとか、擦過傷が多数あったとかは、事実かどうかわかりません。私は、ただの噂話かなと思っているんですがね」

ただ、先輩の遺体が発見されたと聞いた前々日、また、あの「うわん、うわん」という音を聞いたのだという。

それは、自分のアパートではなく、退社後に立ち寄った食堂でのことだった。

以後「うわん、うわん」も「覗き込む横顔」も体験していない。

あれはいったい何だったのか。

田淵さんの中では、未だに整理が付いていないという。

「殉教者絡みの怖い話では絶対にないと思うんです。何しろ、殉教者は信仰をつらぬいて神のみもとへ行った訳ですから。あの体験後、何度か広瀬川へ出向いたのですが、あれから一切おかしなことはありませんでした」

そして先輩の死と、覗き込む顔にも、関連はないと考えている。

「丸顔で柔和な感じの先輩と、日焼けして鋭い感じの左から覗き込む男は、そもそもイメージが一致しない。全くの別人です」

だから、同じ日に不可解な出来事が立て続けに起こりはしたが、それらが全て関連した出来事とは言い切れない。

ただ、田淵さんの身に不思議な出来事があった。事実はそれだけなのである。

捏造心霊スポット

「あのときは本当に調子に乗っていました」

堀田啓介さんは、殊勝な面持ちでそう語った。

四年前、関西から宮城県へ引っ越してきた当時の彼は、大の心霊スポット好きであった。越してきたばかり、そのとき十九歳だった堀田さんは「仙台キリシタン殉教碑」が心霊スポットだという話を聞いて、仲の良かった女性と昼間に行ってみることにした。

当時、オカルトマニアの間で「全国のキリシタン殉教の地＝心霊スポット化」の流れがあって、それに乗っかってみたのだ。

「仙台キリシタン殉教碑」が心霊スポットであるというのは、本当なのか、単なる無責任な噂話なのか、正直、当時の堀田さんにとってはどうでも良かった。

心霊スポットっぽいところに行って、バイト仲間に面白おかしく話せる体験ができたらラッキー。そんな体験ができなくても、ちょこっとした出来事を大げさに盛って話せば、それだけでウケること間違いなし、だからだ。

「面白いは正義。当時はマジでそう思ってたんで」

そう言う堀田さんの口調は、言うほど面白そうではない。

昼間に女性と行ったスポット訪問は「普通に楽しかった」のだが、特に心霊現象があった訳ではない。

しかし、バイト仲間に「普通に楽しかった」などとつまらないことは言えないと、堀田さんは盛に盛った話をした。

まず、スポットには昼間に行ったのだが、これを真夜中に行ったことに変更。

「人魂おったで！　ばーっと光っとった」

「マジか！」

「そんでな、ツレが粗末な着物を着たザンバラ髪の農民みたいな幽霊を見たって」

「拷問された殉教者の霊かな」

「絶対そうや」

「こわっ！」

案の定、バイト先は大盛り上がりである。

その盛り上がりに気を良くした堀田さんは、更に話を盛る。

「あそこで絵踏み（踏み絵）すると、出るんや。呪われるで」

言いながら、堀田さんの心の中は「新たな都市伝説の誕生や！」と、ワクワクした気持ちでいっぱいだった。

その数日後。バイト仲間の三人が、その絵踏みを真夜中に実行した。

ただし、場所は他の心霊スポットだ。

広い墓だと言っていたので、恐らく葛岡霊園であろう。

彼らは殉教碑までは行かなかったが、それは何故なのか。恐らく殉教碑では堀田のパクリになるが、葛岡霊園で実行すれば、そこに彼らのオリジナリティが出るから……というようなことなのではないか、との話だった。若者同士の意地の張り合いのようなものがあったのかもしれない。

バイト連中は、絵踏みに使った「踏み絵」を、御丁寧にもコピー用紙に模写して、それを踏んだというのだ。

「これです」

堀田さんはスマホの画像を見せてくれた。

模写というより落書き程度のものだったが、それでも馬鹿な真似をしたものである。

葛岡霊園で絵踏みをした翌々日、シフトが重なったときに、三人は堀田さんに散々自慢してきた。

「踏んでたら、変な影が見えたんだ」

「あれは怖かったよな！」

「お前、すげービビって走って逃げてたじゃん」

ゲラゲラ笑って報告する彼らだったが、その後の彼らは不運に見舞われどおしだった。

一人はバイクの事故で骨折、一人は階段から落ちて骨折、もう一人は横断歩道で車とぶつかって骨折。いずれも右足の怪我である。

更に、バイト先で客とのトラブル、ストーカー被害、金銭問題などを起こして、結局、三か月を待たずして、全員が仙台市から逃げるようにいなくなった。

一方、堀田さんも家庭の事情で関西の実家に戻ることに。

「彼女とは遠距離恋愛になると思ったんですが、結局、振られて終わりました」

実家に戻った後、右足の先端を欠損する事故に見舞われた。

「これは、悪ふざけで、絵踏みを新たな都市伝説にしようとしたバチが当たったたんかなって思ってます」

バイト仲間とは、連絡先は残っているが、連絡する気はないという。

「絵踏みをしてない俺がこんなになってしまったからには、実際に踏んだあいつらはもっと酷いことになってるんじゃないかって思うと、怖くて連絡取る気は起きないです」

あれから四年経った今でも、堀田さんは踏み絵を見たり、キリシタンの弾圧についての記事などを目にすると、右足が異様に痛み、気持ちがざわざわするという。

葛岡霊園

心霊スポットとして有名な葛岡霊園は仙台市の公営墓園で、園内には市内唯一の火葬場もある。その敷地は広大でA区画からZ区画に分けられ、高低差もあるのでちょっとした山だ。

長い階段を上り切った頂上には給水塔があり、この周りを反時計回りに三周或いは五周すると心霊現象が起きると言われている。

洋子さんは若い頃、葛岡霊園に肝試しに行ったことがある。言い出したのは洋子さんの彼氏の実さんだった。

夏の夜、洋子さんは実さん、その友人の康太さんカップル、清志さんカップルと公園で花火をしていた。男達はちょっとした不良で、実さんはそのリーダー格だった。深夜にも拘らず公園で騒ぐ男達を止めようとしない洋子さん達も素行がいいほうではない。

康太さんの彼女が楽しそうに花火を振り回しながら「夏って感じだね」と言うと、実さんが「何言ってんの。夏はやっぱり肝試しでしょ」と言い出して、それぞれの車で葛岡霊園に行くことになった。

霊園の駐車場に着いて、車から降りると、街灯がある霊園は思っていたよりも明るい。しかし灯りに照らされた墓石はかえって不気味な感じを醸し出している。

その雰囲気に飲まれた女性達は寄り添うように三人で固まった。対して男性達は自分の勇気をアピールするかのように大はしゃぎをしている。

隣にいた康太さんの彼女が声をしぼりだすように「帰りたい」と言うので、洋子さんが「もう帰ろうよ！」と実さんに声を掛けると、実さんはそれを無視して「てっぺんにある塔を反時計回りに三周すると幽霊が出るっていうから行ってみようぜ」と言ってきた。

実さんは言い出したことは絶対に曲げない。

なので怯える康太さんの彼女に洋子さんが「皆で行けば大丈夫だよ」と慰めると、「それじゃ面白くないから順番で行こう」と更に追い打ちを掛ける。

リーダーの言うことには逆らえないのか、他の男二人も「いいっすね」と同意する。

仕方がないので洋子さんは「それだったら待っている時間が長くて疲れるでしょ。カップル毎に階段を上って、姿が見えなくなったら次が上って、そして全員が揃ったら、皆で塔の周りを回るのはどう？」と実さんに提案した。

「だりい」が口癖の実さんだ。待ち時間が長いのは「だりい」。

「しゃーねえな」と実さんは洋子さんの提案に従うことになった。

37　　葛岡霊園

葛岡霊園（撮影：久田樹生）
正式名称、仙台市葛岡墓園。この墓園に市内唯一の火葬場がある。仙台市葛岡斎場である。様々な噂話があるのだが、果たして……。

階段を上る順番はジャンケンで決め、康太さんカップル、洋子さんと実さん、清志さんカップルの順になった。

いざ出発となった途端、康太さんの彼女はしゃがみこんで声を上げて泣きだした。康太さんが手を引いて立たせようとすると、泣き声はますます大きくなる。

流石に「お前達は駐車場で待ってろ」と実さんが言い、洋子さんと実さんが最初に上ることになった。


階段を上りだすと実さんは無言になり、洋子さんを置いてずんずんと先に進んでいく。洋子さんが「ひょっとして怖いの？」と背中に声を掛けると、振り向いて「うるせぇ！」と怒鳴る。その姿に洋子さんの気持ちが冷めた。

頂上に着き「大したことなかったな」と強がる実さんを洋子さんは無視した。無視を続けているうちに実さんが怒りだし、言い争いになりかけたときに次のカップルが上ってきた。

しかしそれは駐車場で待っているはずの康太さん達だった。広い駐車場に二人っきりでいるうちにますます怖くなり、思い切って皆のところに行くことにしたという。

皆と言われても清志さん達はまだ上ってこない。塔まではまっすぐに上っていけばいいだけなので、迷いようがないはずなのに。

このまま塔の近くで待つか、それとも駐車場に戻るか。

結局、二人の名前を呼びながら駐車場に戻ることにした。

「清志！　駐車場に戻るぞー！」と大声で言いながら階段を半分ほど下りると、わき道から清志さん達が飛び出してきた。

清志さん達曰く、まっすぐ進んでいるはずなのに、なかなか頂上に着かない。途方に暮れているところに四人の声が聞こえてきたので声を頼りに進むと、実さん達が現れたと言う。

何が何だかわからないが、とにかくここから離れようと六人は駆け足で駐車場に向かった。

駐車場に着くとそれぞれの車の前に火の点いた蝋燭が一本ずつ立っている。

康太さん達が駐車場を離れて戻ってくるまでの時間はそう長くない。なのに蝋燭は殆ど溶けている。蝋燭が立っている場所の溶けた蝋の量を見ると、溶けた蝋燭を置いた訳ではなさそうだ。

六人は車に飛び乗り、霊園を出た。そしてファミレスで朝まで過ごし、それぞれの自宅に戻った。

それからすぐに洋子さんは実さんと別れた。噂では他のカップルも別れたらしい。

ホテル木町

仙台の中心部に「ホテル木町」という一九七七年に建てられた七階建てのビルがあった。ホテルと言っても四階から七階は分譲マンションで「東北初の高級ホテル分譲」として販売された。近くには大きな病院が二つもあったことから、その関係者がセカンドハウスとして購入したという。

中心部とはいえ繁華街からは少し離れており、治安はいい。しかしそれにも拘らず殺人事件が起きるなど、トラブルが少なくなかったようだ。

ホテルを経営していた会社が一九九九年に破綻すると、ホテルは競売を経て権利関係が複雑になり、いつしか反社会的勢力が不法占拠するビルとなった。

違法風俗、薬物の売買、投資詐欺など、行われなかった犯罪はないとまで言われている。

ボロボロの外見から廃墟と言われているが、分譲された部屋には所有者がいるので入り口は誰でも入れるようになっている。そのため、不法居住者がかなりいたらしい。

誰も住んでないはずなのに灯りが点いている、窓が開いてカーテンが揺れているという目撃談から心霊スポットとして有名になったが、実際は〝誰も住んでいない〟ビルではなかったのだ。

近所に住む田村さんには飲み会で語る鉄板のネタがある。

夜遅くにホテルの前を通ると、若い男性が中から転げるように出てきて田村さんの前で倒れた。

ホームレスやヤクザが住みついているという噂のあるビルだ。事件に巻き込まれたくないと、田村さんは一旦逃げた。しかしすぐに「やっぱり助けなければ！」と振り向くと、男は何処にもいなかったという。

この話をすると「ビルの中で殺された幽霊だ！」と言う人と「ヤバい人から逃げ出したものの、またビルの中に連れ込まれたんじゃないの？」と言う人のだいたい二つに分かれるが、後者のほうが怖いという点では一致するそうだ。

その後、ホテル木町は有志の区分所有者が管理組合を結成し、三年の月日を掛けて解体までこぎつけ、現在は駐車場になっている。

三居沢不動尊

三居沢不動尊は境内奥に不動明王が現れたという滝がある神社だ。

かつて修験者達が滝に打たれて修業していたそうだが、現在は安全面から滝への立入はできないようになっている。隣には記録として残っている中では日本最初の水力発電所の三居沢発電所がある。

と、書くと山奥にあるようだが、仙台駅から車で一五分足らずの場所だ。


貴子さんには付き合って三か月になる恋人がいたが、早くも別れの予感がしていた。

大学の同級生で積極的にアプローチしてきたのは彼のほうだ。特に好きではなかったが、貴子さんは対人関係にエネルギーを使うのが面倒で人に流される傾向がある。今回もずるずると流されて、何となく付き合うようになってしまった。

付き合い始めてすぐに他にも女がいることはわかった。それも一人や二人ではなさそうだ。しかしこちらから別れを切り出すのは面倒だったので、向こうから切り出してくれるのを待っていた。

幸い彼もそろそろ貴子さんには飽きてきたようで、最近は会う回数も減っているから、別れを切り出されるのは時間の問題だろう。

そんな彼に急に美術館に行こうと誘われたときは驚いた。美術には興味がないが、断るのがめんどくさい。

行ってみると彼の態度は「誰かにドタキャンされた穴埋めだな」と思わせるものだったが、がっかりはしなかった。

鑑賞後、何となく近所を散歩することになった。会話も殆どなく、彼はスマホばかり見ている。

「さっさと帰りたい」と思ったが、やはりこちらから切り出すのも面倒で、自分もスマホを見ながら黙々と歩いた。

二十分ほど歩くと彼の足が止まった。自分のスマホを見せて「ここ、有名な心霊スポットだって」と言う。心霊スポットに興味があるなんて聞いたことがない。きっと歩きながらのスマホで情報を得たのだろう。

見ると境内に続く赤い橋の袂には「三居沢大聖不動堂」と書かれた石の柱があった。

由緒ある神社であることは外から見てもわかったが、心霊スポットと知った上で行くのはためらわれる。しかし貴子さんの返事も待たず、彼は「何か写んないかな」とスマホで写真を撮りながら中に入っていった。仕方がないので貴子さんも後に続く。

彼は手水舎まで行くと「この手水舎の手拭いが風がないのに揺れるんだって」と更に写真を撮りまくる。付き合いきれなくなった貴子さんは先に手を清めることにした。

そして彼がスマホをズボンのポケットに収めて手水舎の前に立ったとき、風がないのに大きく手拭いが揺れて彼の顔面を何度も打った。薄い手拭いにも拘らず「痛い！」と大騒ぎして手水舎から逃げ出す。見ると彼の頬は薄っすらと赤くなっていた。

お詣りはしないままで帰宅することになった貴子さんが神社について調べると、三居沢不動尊は「水子供養のお不動様」として有名だったことがわかった。

彼の言動を思い起こすと水子の一人や二人、憑いていてもおかしくない。

貴子さんは流石に自分から別れを切り出すことにした。

45　三居沢不動尊

三居沢不動尊（撮影：森野美夜子）

霊場・三居沢不動尊（三居澤大聖不動尊）の横には、日本初の水力発電所が並んでいる。

発電所は現在も稼働しており、電力を供給しているのだ。

この三居沢不動尊の手水場に掲げられた赤い手拭いが、風もないのに揺れ動くという話もある。また、この世の者ならざる姿を見た者もいるらしい。

不動尊に救いを求めてやってくるのだろうか？

深夜の七夕見物

仙台市民にとって七夕は八月の行事。なぜなら仙台七夕が八月にあるからだ。なのでテレビの全国ニュースで七月に「今日は七夕です」と言われると、一瞬「？」となる仙台市民は多い。

仙台七夕の開催期間は八月六日から八日の三日間。大規模な飾りつけがされるのは仙台市中心部のアーケード商店街になるが、それ以外の商店街でも飾りつけをするので、市内の七夕飾りの総数は三千本になると言われる。

そして店舗、企業単位で作られる七夕飾りは仙台の老舗ほど気合いが入ったものになる。仙台市民はそれを見ながら「流石〇〇さん」「今年の△△さんはいまいちねえ」と比べて楽しむのだ。

どんな祭りにもジンクスがあるが、仙台七夕にも有名なジンクスが二つある。

一つは「開催期間中、一日は絶対に雨が降る」、もう一つは「受験生が七夕を見に行くと落ちる」だ。

実際には晴天が続く七夕期間は珍しくない。なのにジンクスは消えないし、雨が降ると「ジンクス通りだ」と何故かほっとする。

「受験生が○○を見に行くと落ちる」はどんな祭りにもあるジンクスだろう。しかし「息抜きで七夕を見に行こうよ」と誘えば「落ちたらどうするの」と断る真面目な受験生はけっこういるようだ。

平成の始め、大学一年になった亮介さんもそんな真面目な受験生だった。おかげで受験には無事に合格し、真面目だった反動からか少し羽目を外すようになった。

先輩から「ナンパしに七夕に行こうぜ」と言われればもちろん断らない。酔っぱらった女のほうが落としやすいということで午後十一時近くに行くことになった。

今は防犯上の理由から七夕飾りを午後九時にはしまうことになっているが、当時は出しっぱなしにしているところが大半だったので、人込みを避けて夜に出かける人も多かった。

そして深夜に歩く人はやはり若者が多い。カップルや飲み会帰りのグループ、そして亮介さん達のようなナンパ目的。

つまり一人で歩いている女性や女性だけのグループは見当たらない。少し考えればわかりそうなものだが、先輩は午前零時近くになっても諦めない。むしろ意地になっている。

付き合いきれなくなった亮介さんが「こんな時間に歩いている女なんかロクなもんじゃないですよ。だからそろそろ帰りましょう」と言いかけたとほぼ同時に「いた！」と先輩が進行方向を指差した。

七夕飾りが邪魔をして下半身しか見えないが、浴衣姿の女性がいる。華やかな柄から察すると若い女性のようで、まるで誘うように腰を振って歩いている。

顔が見えない不安はあるが、もうそれはどうでもいい。とにかくナンパ。ナンパをしないと帰れそうもない。亮介さんは自棄《やけ》気味に先輩と後を追った。

ところがなかなか追いつけない。

速足で追いかけても距離は全く縮まらないのだ。


と、追いかけているうちに浴衣姿の女性が一人から二人、二人から三人に増えていることに気が付いた。下半身しか見えない三人の女性は浴衣の柄はバラバラだが、腰を振る歩き方は完全にシンクロしている。

そして四人目の浴衣姿がボウッと霧のように現れ始めた。


驚いた二人は逆方向に走りだす。

走りながら亮介さんは思った。

「こんな時間に歩いている女なんかやっぱりロクなもんじゃない」と。

縛不動

仙台市青葉区に「縛不動明王」というお不動様がいらっしゃる。

これは、広瀬川の河岸に流れ着いた〈不動尊が掘られたと思しき石〉である。この石を縄で縛ったところ、次々と良くないことが起こったため、以降、鎮めるため「縛不動」として祀ったのだという。

この縛不動は「年齢に合わせた長さの縄で縛り、祈願する」という、珍しい祈願の作法があり、殊に家出人を引き戻してくれることで霊験あらたか、という話であった。

仙台市に住む、五十代の尾崎さんご夫妻が、家出した息子を引き戻したいと縛不動に祈願した。

「ただ、こういったもののお作法はよくわからなかったので、お祀りされている石を勝手に縛って良いものかもわからず、お供え物の酒を縄で縛ったんです」

酒は小瓶のもので、大吟醸酒であった。

「息子は高校卒業後、何も言わずに家出をして、以来八年音沙汰なしなんです。単なる親離れだったら良かったんですが、音信不通となると、何かあったんじゃないかと心配で、心配で。警察への捜索願いも出しましたし、興信所も頼りましたが息子は見つかりませんでした。もう、最後の手段は神頼みしかなかったんです」

尾崎さんが祈願をしてから数日後。夫婦は揃って、同じ夢を見た。

「何処か明るい場所……部屋の中でもなければ、景色などもない、明るい空間に、穏やかな顔をした長身の人が立っていました。男か女かもわからない。髪も、長いのか短いのか朧気で、服もどんなものを着ていたのか覚えていないのですが、何となく、粗末な服装だったような気がします」

その人物が言う。

——お前達の息子は引き戻せる。

——縛について戻ってくることになるだろう。

——祈願を解き、三年待て。

——三年後の今日、もう一度祈願をしろ。

——そのときは、縄の長さを間違えないように。

透き通るような声だった。口が動いてしゃべっていたのかどうかは、定かではない。

まだ夜中だったが、二人ともすぐに目が覚め、夫婦はお互いの夢を確認し合った。

「それが、見事なまでに同じ夢だったんです。私達は、夜が明けるのを待って、すぐに願を解きにお不動様のところへ行きました」

ただ、気になるのは「縛について戻ってくる」というくだりだ。

「このお告げを信じると、息子が何かの罪を犯して帰ってくるということになります。でも、息子は息子。どんな罪を犯しても、家族だけは息子の味方でいようと決めました」

そして三年が経ち、夢の言う通り、再び祈願をした。

「夢では『長さを間違えないように』と言われたのですが、縄の正しい長さが、私達夫婦にはわかりませんでした。最初のときは、酒瓶に三度ほど巻いたと記憶していたので、今度は七度ほど巻いて、お供えをしました」

新たな祈願から、半年ほど経ったある日。

突然、自宅のインターホンが鳴り、カメラに息子の姿があった。

年月は経っていても、息子の顔はもちろんわかる。

「息子は、失踪後、兵庫と東京で暮らしていたのだそうです。詳しくは語ってはくれませんが、ずいぶん荒れた生活をしていたようで……三年半ほど前、そんな自分に嫌気が差し、生活を改めたそうです」

息子さんは、大阪のまっとうな会社で働いて三年。そして、仙台支社へ転勤が決まったのだという。

「息子は、最初は合わす顔がないと思っていたようなんですが、仙台への転勤は、きっと郷里に帰って親に許しを乞えということだろうと、思いなおしたんだそうです」

尾崎さん夫妻は喜んで息子を迎え入れた。

そして、縛不動明王の話をした。

「三年待てという話は、息子が生活を改めた時期と重なります。本当に霊験あらたかなお不動様で、ありがたいことです」

尾崎さん夫妻は拝むようなしぐさをして、お不動様への信心を語った。

「でも『縛について戻ってくる』という部分は、当たりませんでした。いえ、そんなの当たらないほうがいいに決まっているのですが。息子は『あのとき生活を改めなければ、きっと何かの罪を犯して郷里に帰ることになったのかもしれない。まっとうな会社と縁ができて、罪を犯すことなく戻れたのは、本当に運が良かった』と言っています」

とのことだった。

もしかしたら、縄の長さが間違っていて、良い意味でお告げも間違ってしまったのかもしれない。

のちに、息子さんは地元で結婚。今も縛不動明王へ感謝しているという。

53　　縛不動

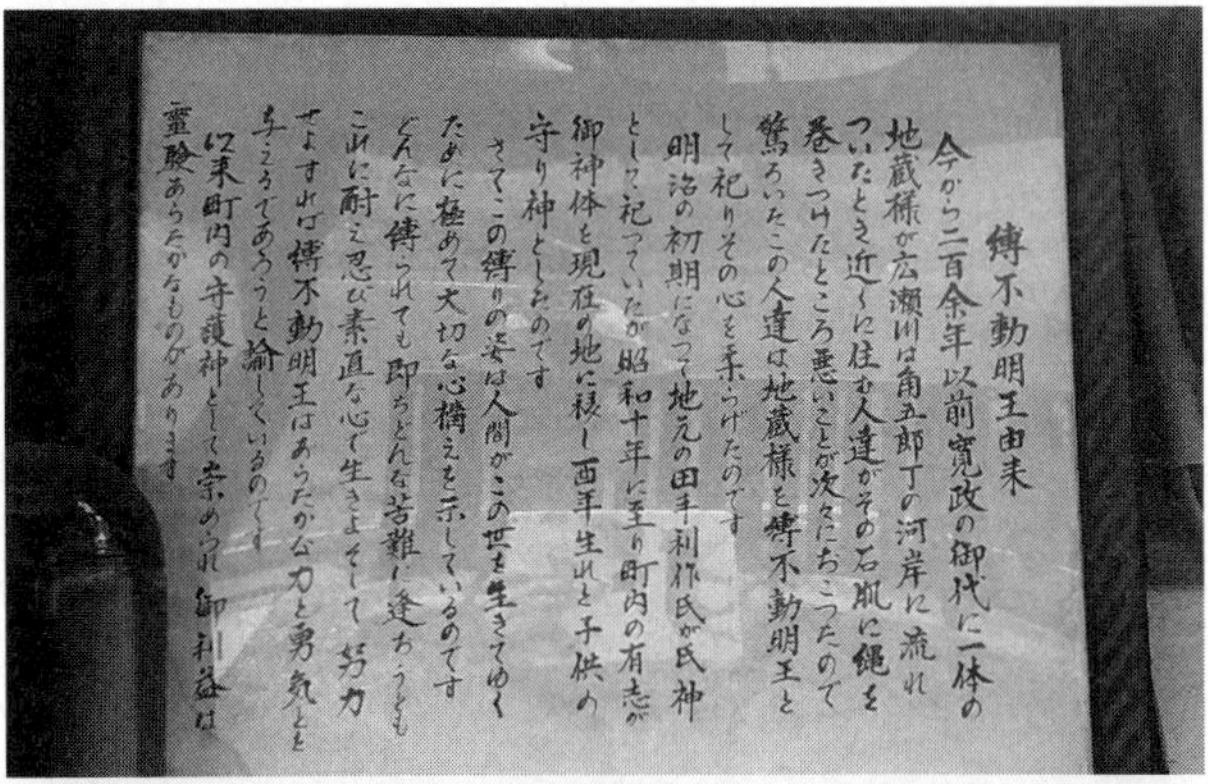

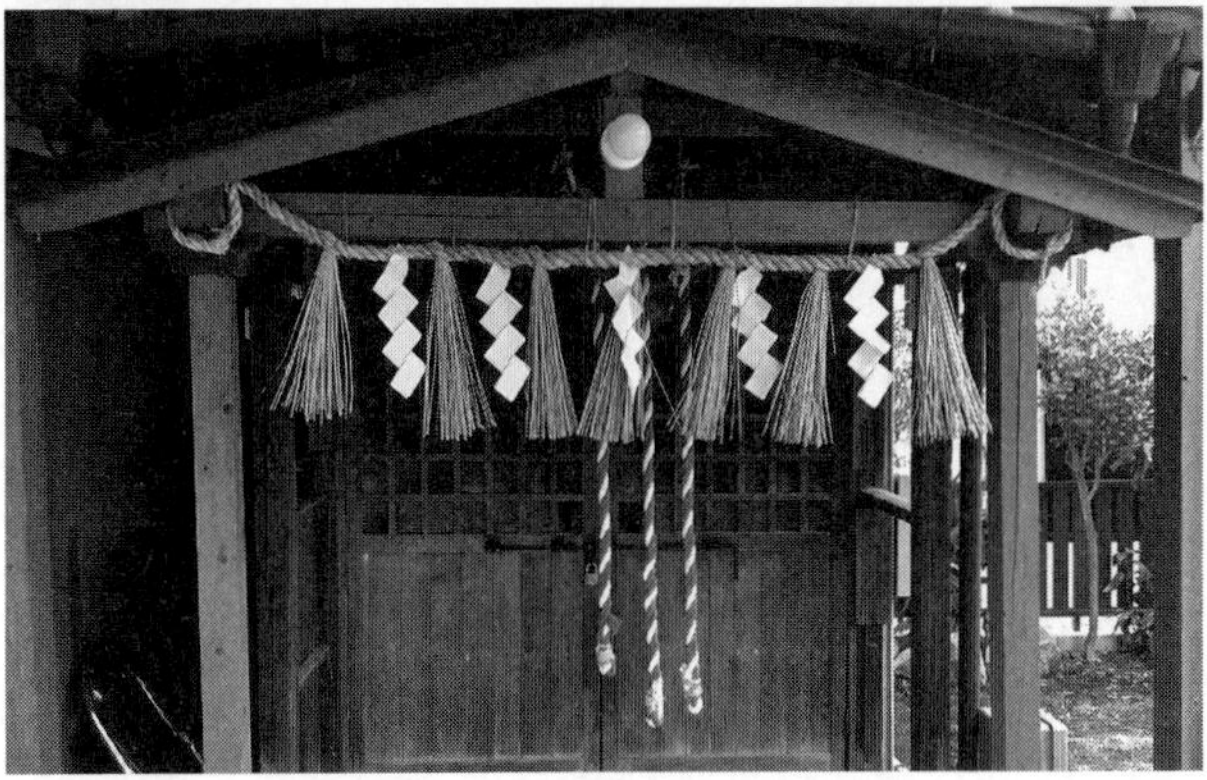

縛不動明王（撮影：森野美夜子）
寛政年間、広瀬河岸に流れ着いたお地蔵様に縄を巻きつけたところ悪いことが起こった。そこでこのお地蔵様を縛不動明王として祀った。 昭和十年に町内有志が現在地に移し守り神としたという。
何故、お地蔵様が不動明王になったのか。謎が多い。

助言

これは、二〇一五年の話である。

当時二十代後半の山下千尋さんは、山梨県在住。拝み屋や占い師の言うことは、全て信じるタイプであった。

「今から思えば、私が会った拝み屋は、みんなインチキだったような気がします」

小さな声で、にこりともせず山下さんはそう言った。

「ただ、そのときは信じていたので、悩み事があると、そういった人たちを頼りにしていたんです。お布施は高額でした」

高額を支払った割には、結果が出ていなかったし、あれは霊感商法なのかもというような商売にも引っかかってしまったりしていた。

そんな山下さんに、気になるお相手ができた。

「そのときは、結婚したいと心の底から思いました。もう、絶対この人しかいないと。でも、彼には幾つか引っかかることがあったんです」

多額の借金やギャンブル癖。

それさえなければ、今すぐにでも結婚したい。

そう思った山下さんは、拝み屋に相談することにした。


拝み屋の、自宅兼事務所の住所を教えられて、辿り着くと、そこは高い塀に囲まれた上、出入り口に防犯カメラがあるような、豪華な家だった。

評判の良い拝み屋さんで、彼がパワーを入れた石や壺は、類まれなる御利益があると言われている。恐らく、その商材で建てた豪邸なのだろう。

拝み屋は中年の男性で、ワイシャツにスラックス、眼鏡を掛けていて、髭などは綺麗に剃られている。清潔感のある、普通のサラリーマンのような風貌だった。

豪邸の中に、シンプルな部屋が一つあり、そこが相談部屋になっている。

床はフローリングで、相談者用のテーブルと椅子の他に、小さな祭壇と、拝み屋自身が使うデスクがあった。

その相談部屋に入るなり、

「ああ、これは深刻なお悩みですね」

まだ山下さんの話を聞く前から、そんな風に言ってきた。

その一言で「この先生はわかってくれる」と思ってしまったそうだ。

「結婚したいと思っている彼がおりまして……」

山下さんは、彼の借金やギャンブル癖のことを、ぼそぼそと相談した。

「彼には多くのアクソウネンが憑いていますね」

拝み屋が言うアクソウネンとは「悪想念」という字が当てられるそうだ。

「彼の周りにまとわりついている悪想念を取り除けば、何とかなるでしょう」

「本当ですか?」

山下さんが安堵したのもつかの間。

「いやでも、私に累が及ぶなぁ……手は出したくない」

「え、先生が何とかしてくれるんじゃないですか?」

「私がやると、力が強すぎて彼氏の魂を削り取ってしまいかねない。かと言って、手加減をすれば、悪想念の大元である霊が私のところにきて、命を削ることになる。だから、そういうのが得意で最適な拝み屋を紹介するから、そちらへ行きなさい」

その悪想念の大元である霊のことを、拝み屋は「××の霊」と言っていたのだが、残念ながら山下さんにはよく聞き取れなかった。

「がっつり相談料を取られて、たらい回しにされたことに、このときは気付けていませんでした。むしろ、より適任の先生を紹介していただけるなんて、幸運だなと思っていたくらいで……」

消え入りそうな声で山下さんは言った。

そこで紹介されたのは、宮城県仙台市の拝み屋さんだった。

「その先生は、元は東京に住んでいたけれど、復興祈願のために移り住んだと言ってました。三十になったばかりくらいの女性の方で、名前は、何というか……霊験あらたかそうな漢字の羅列でした」

名刺を捨ててしまったので、よく覚えてはいないが、例えば「神徳院明光」みたいな感じだったという。だが、もちろん、僧籍ではないし、神職の経験もないようだった。


連絡先へメールをすると、三日後に連絡がきた。

「メールには、『再来月なら大丈夫だ、鑑定の前に指定した場所へ行き、このビジネスホテルに泊まるように』という指示と、細かい料金表が添付されていました。けっこう高額な料金に驚いたものの、それだけ高いのだから、効果はあるのだろうと、むしろ安心した覚えがあります」

鑑定する日より前に仙台に入って、市内の神社を順番通りに参拝するように指示があったので、その通りに行動したという山下さん。

「仙台駅に到着すると、何だか酷く居心地が悪いような気がしました。足下が定まらず、落ち着かない感じがして……正直、仙台は自分には合わない場所なのだなと思ったんです」

指定された神社巡りも、スムーズに回ることはできなかった。

「大崎八幡宮、護国神社、東照神社、青葉神社と、行くよう指示のあった神社は有名どころだったにも拘らず、タクシーの運転士さんが道を間違えたり、渋滞していたり。神社に着いても、参拝客から何故か『冷たい目』で見られることが多かったんです。服装も髪型も、これ以上ないくらい普通で、目立つところなど微塵もなかったにも拘らず、です」

お詣りの前も後も、どういう訳か息が切れて、身体と足が重く感じる。

まだ寒い時期なのはわかるが、それにしても異様なほど冷えた。

――参拝客が怖い。

――鳥居が怖い。

――拝殿が怖い。

本音を言ってしまうと、神社へは行きたくなかった。

それでも気力をふり絞って何とか回りきると、指定のビジネスホテルへ辿り着いた。

ビジネスホテルは普通だったが、やはり、矢鱈《やたら》と居心地が悪かった。

理由はさっぱりわからないそうだ。

「翌日、指定された飲食店の個室で先生と会いました。高額なお店でした」

現れた拝み屋の女性は、美人風で、お香の強い匂いがした。

「悪いものは全部取っちゃうから、安心して彼氏と結婚して」

いい女風の彼女は「全て私に任せればいいのよ、安心して」とでもいう雰囲気でドヤりながら、話を進めた。

「この私が作った護符と数珠ブレスレットがあれば、もう大丈夫。彼氏とペアで使いなさい。サービスしといてあげるから」

相談料は一時間で十万円。護符と数珠はペアで五万円。

その他に、飲食店の支払いも山下さん持ちだった。

それだけ高い金額を払ったにも拘らず、山下さんの相談とはぜんぜん関係ない話……例えば、仙台市は都会の皮をかぶった田舎の入り口で、全く洗練されていないとか、震災の原因はインチキな仙台市内の拝み屋連中のせいで、神様の怒りに触れたのだ、などなど。

仙台市には昔から「巫者《ふしゃ》」「祈祷師」などと呼ばれる、神仏と霊的交流を行って、人々の相談や願い事に対して、助言を与える人たちがいる。どうも、東京からやってきた余所者の彼女は、地元の巫社・祈祷師達と折り合いが悪かったようだ。

何故か、東北の他の県はベタ褒めだったのだが、理由はわからない。

そんな、相談以外の愚痴を聞いていたところ、山下さんはとうとう具合が悪くなってしまった。

昨日から、冷えたり身体が重く感じたり、元々調子が良くなかったのもあるが、とにかく、水が苦い。食べ物とお香の匂いがキツくて、食べられない。

「でも拝み屋の女は、酒も料理もぺろりでしたよ……」

山下さんは恨めしそうに言う。

結局、ホテルに戻ってから、内臓がひっくり返りそうなくらい吐いて、吐いて、吐きまくった。

熱っぽい身体でシャワーを浴び、這々《ほうほう》の体でベッドに倒れこむ。

灯りを消していなかったが、スイッチのところまで起きていく気力がない。もう、耐えきれなくなって、目を閉じたのだった。

それから、少し眠って目が覚めた。

「部屋の灯りはそのまま、つけっぱなしだったのですが、何故か薄暗く感じたんです。室内に、明らかに人の気配がして……」

――衣擦れの音が聞こえる。

――人の息づかいが聞こえる。

――床のカーペットの摩擦音。

「でも、姿は見えないんです。目を凝らした途端、目が痛くなってしまったので、無理に見ようとするのをやめました」

気配はなぜだか、コートとハンドバッグ、キャリーケースを行ったり来たりしているように感じた。

せめてそこまで行って、確認してやろうと思い、起き上がろうとしたそのとき、背中に激痛が走って、思わずうめき声を上げてしまった。

その瞬間、何か風圧のようなものを全身に浴び、総毛立った。

「気配が密着した、と思ったんです。添い寝……というか、覆いかぶさるというか。そして、何も見えないのに、強烈な視線で『顔を覗き込まれている』と思ったんです」

あまりの気味悪さに思わず大声を上げると、気配は消えてしまった。

「気配は消えたんですけど、部屋中にお線香の匂い……というか、あの拝み屋のお香の匂いが漂っているんです。もうほんと、気持ち悪くて。あの女に取り憑かれた！　って、嫌な気持ちになりました」

念のためにと持ち歩いていた粗塩を身体に振ってみたが、どうにも怖くて、もう眠ることはできなかった。

翌朝、日の出とともに、山下さんは自然と近くの神社に足が向かった。

「そこは、とても小さな神社で、多分、鹽竈《しおがま》神社さんの分社だったと思います。気持ちが良くて、とても清々しい気分になり、安心をいただきました」

その清浄な空気に浸っていると、じわじわと拝み屋に頼ることも彼氏のことにも、嫌気が差してきたのだった。

「昨日は『合わないな』と思った仙台の街が、急に色鮮やかに、雰囲気の良いものに見えてきたんです」

ホテルに戻ると、山下さんは拝み屋の数珠と護符ペアセットをコンビニの袋に突っ込むと、外のごみ箱に放り込んだ。

晴れ晴れとした気分だった。


地元の山梨へ戻り、自室のスピリチュアルアイテムを全て処分すると、更に清々しい気分になれた。

「もちろん、彼氏とも別れました。多少はごねられましたが、強い意志で突っぱねました」

山下さんは、力強くそう言った。

「この一件が落ち着いた後、近くの神社にお詣りに行って、気付きをいただいたことに感謝をしました。昔の私は、何というか……いいカモだったんでしょうね」

その後、しばらくの間は仙台に行くことはなかった。

が、とあるアイドルコンサートのプラチナチケットの、宮城会場公演が当選したことで、再び仙台を訪れることとなった。

「再訪した仙台は、やはり思った通りとても素敵な街でした。あの拝み屋の指示で神社を回ったときのように、嫌な印象は皆無だったんです」

それ以来、宮城県に旅行で行くことが増えた山下さんであった。

ただ、感染症流行のせいで、なかなか行くことができなくなったのが、今はとても寂しいという。

橋

徳舛《とくます》君とその親友・東榎木《ひがしえのき》君は、旅行が好きだった。

世界的疫病で移動制限が掛かる前は、日本全国飛び回っていた。

会社の給料やボーナスの一部は旅行代金としてプールして、一年のうち三回は遠方へ旅へ出かけていたくらいだ。二十代ならではの行動力だろう。

彼らの地元は関西の外れであったが、空港まで行けば各地域のアクセスは良好だ。

だから北海道から沖縄県まで津々浦々足を運んでいた。

時々、普通の観光スポット以外にパワースポットも巡っていた。

当然、時には心霊スポットも通ることがある。彼ら自身、嫌いではなかったのでついでだと度々立ち寄った。もちろん、不法侵入にならない程度だが。


疫病流行の合間だった。

移動制限が解除されたことで、徳舛君と東榎木君は再び旅に出られるようになった。

最初の目的地は岩手県の遠野だ。

以前足を運んだことがあったが、またあの独特の空気を味わいたかったのだ。

レンタカーで遠野物語の舞台を駆け巡り、地元の食事をいただく。とても楽しかった。が、何故か東榎木君の調子が突然悪くなった。車酔いに近い状態だが、彼は乗り物にめっぽう強いタイプだ。何故こんなことになったのか、皆目見当が付かない。

そのまま一旦拠点にしていた盛岡へ戻り、ホテルに入った。

しかし東榎木君の体調は戻らない。

真夜中になっても何度も吐き戻しを繰り返し、足下が定まらなかった。

翌日も岩手の旅を楽しむはずだったがこれではどうしようもない。全てをキャンセルして、関西方面へ戻った――途端に彼は回復した。

流石遠野だ、何か不可思議なことが影響していたのだと二人で軽口を叩いた。


それから数日後だ。

『徳舛、俺、遠野に戻らなあかん』

東榎木君から連絡が入った。訳を尋ねる前に説明されたが、どうにも理解し難い。

彼が言うには『朝起きるとスマートフォンに覚えのない書きかけのメールがあった。そこに【とおの　もどせ】の一文が残されていた。全部ひらがなだった。あと、ここ二日ほど同じ夢を見ている。いがぐり頭で絣の着物の子供から袖を引かれ〈もとのばしょへかえしたほうがよいぞ〉と助言を受ける内容だ。だから多分、あのことだと思うから、遠野へ返しに行かないといけない』らしい。

あのことと言われてもわからない。訊いても口籠もる。

しつこく問い詰めると、東榎木君は白状した。

『実は、遠野の河童淵にあった、小さな靴のマスコットを盗んできた』

精巧な作りのもので、淵の石の上に一足揃い置いてあった物を拾ったという。調べると食玩のシリーズらしく、数百円のものだったようだ。

東榎木君は、魔が差した、と表現した。

『どうせお供え物でも何でもあれへんやろうと軽い気持ちやった。せやけど夢で忠告されたのはこのことやとしか思われへん。それに返さな、また障るらしいんだ』

何処かから物を持ってきた際、何かの障りで異変が起こり、取った物を現地に戻さないといけない——そんなエピソードを何かで見たか読んだことがあった。

そしてもうひとつ思い出した。

遠野の河童淵があるお寺にある十王堂だったか。

河童狛犬の所にあったお堂に、子供の靴がお供えされていた記憶がある。まさか、食玩の靴が何か関係していたのか、と思わざるを得ない。

東榎木君は一人で戻しに行くと言う。徳舛君も同行するというのだが、どうしても了承しない。夢の子供は〈一人で来い〉と告げていたようだ。

なら、東榎木君が靴の食玩を遠野へ戻し、謝罪した後に別のところで落ち合おうと提案してみた。一緒に行ったらいけないのなら、別の土地で待ち合わせすれば良い。例えば、宮城県で合流するのだ。

『それもええかもな。謝罪の後に、何か仕切り直しみたいに遊ぶんは』

疫病のおかげで、貯めた旅費の余裕はまだあった。話は早々に決まり、翌週の金曜に有休を取り、二泊三日で遠野と宮城県を旅すると決めた。


金曜、一足先に東榎木君が岩手へ発つ。

徳舛君はやや遅れて宮城県仙台市へ入った。二人が合流したのは夜遅くになってからだった。無事に何事もなく終わったらしい。靴の食玩は元あった位置へ戻し、十王堂へ謝罪をしたという。その後、何故か仙台市までの道程はスムーズだったと話す。

夜食を取り、翌日の予定を組んだ。

レンタカーを借り、仙台市の観光地を中心に巡ると決めた。

ネットで車を手配し、就寝したのは午前になってからだった。

翌日、翌々日は快晴だった。

二人は意気揚々と仙台市の観光と食を楽しんだ。

独眼竜政宗で知られる伊達政宗公。その伊達家三代の霊屋・瑞鳳殿《ずいほうでん》。

伊達政宗公騎馬像のある仙台城跡。

パワースポットとして名高い大崎八幡宮。

伊達家と徳川家康公の繋がりを示す、仙台東照宮。

もちろん東北楽天ゴールデンイーグルスの本拠地・宮城スタジアム（ネーミングライツで名称が変わる・筆者注）をバックに写真も撮った。

定義如来西方寺《じょうぎにょらいさいほうじ》に詣でた後は、定義山で三角油揚げを堪能。更に仙台湾の新鮮な魚介を楽しみ、ずんだ餅もおやつに食べた。その店はずんだ、ではなく、づんだ、とのれんに記されていた。夜は夜で牛タンを食べ、河岸《かし》を変えて日本酒も鱈腹飲んだ。

また、仙台銘菓と称される御菓子や、素朴な仙台駄菓子も買い求めた。

最終日の午後になった。戻りの新幹線までまだ時間がある。

調べ直してみると、水族館や博物館、動物園などがあった。

「ここはどうや？」

東榎木君が差し出したスマートフォンの画面に、八木山ベニーランドと出ている。遊園地だ。流石東北、冬季休園時期があるようだが、まだ大丈夫のようだ。動物園も八木山だから纏めていってみるかと提案すると、東榎木君は再び画面を差し出してきた。

そこに「心霊スポット　八木山橋」と出ている。

八木山橋。

宮城県仙台市青葉区内と太白区長町との境に架かる橋。

近くに仙台城と東北大学がある。

渋滞ポイントである上、事故も多発し、更に飛び降り自殺の名所になっている。

フェンスなど対策を行っているにも拘らず、自殺者数は優に三桁を越えた。

テレビ番組で扱われた際「放送できないものが撮影された」という逸話もある。

心霊スポットとしては「女が出る」「白い服の女が見える」「手招きする少年がいる」「廃止されたバス停に幽霊バスが来る」「幻の電話ボックスが現れる」「謎の足音が聞こえる」「通った車の硝子に手形」など、枚挙に暇がない。

東榎木君の説明に、よくある橋の心霊スポットだな、と思った。

考えてみれば、仙台城へ行ったとき、この橋を渡った記憶があった。

確か、観覧車やベニーランドの文字も確認している。道なりに進んで出てきたコンビニで休憩もしたはずだ。旅慣れていると言っても土地勘が薄いため、さっと頭に道や位置関係が出てこないから、八木山橋を通ったと印象がなかったのだろう。

徳舛君も〈心霊スポット　八木山橋〉で調べて見た。確かに東榎木君の言う通りのエピソードが出てくる。

「どうせなら、日ぃ落ちる前と落ちた後に通ってみよ。秋やさかい、まだ新幹線に間に合う時間やろう」

遠野のことも忘れたのか、東榎木君はこんな提案をしてくる。

いいのか、遠野のこと覚えているか、大丈夫かと念を押すが、彼はどこ吹く風だ。

そこまで言うならと、明るいうちと暗くなってから橋を通過してみた。

特に何もなかった。強いて言えば、橋の左右にそびえる高いフェンスから何か薄らとした圧というのか、そんな感覚を覚えたことと、アクセルを踏む足が突然痺れ、そして土踏まず辺りが攣ったことくらいだ。危うく運転ミスをするところだったが、すぐに回復したので事なきを得た。

意識をしている分、少し落ち着かない気分になって身体に影響が出たのだと思う。

逆に夕刻の渋滞に、仙台駅まで時間通りに戻れるかどうかのほうがひやひやしたくらいだ。

何もなかったねと帰りの新幹線で言えば、東榎木君は笑った。

「有名な心霊絡みのとこに、ようありがちな話や」

仙台市から戻ってから、また疫病の感染率が上がり、移動制限が掛かり始めた。

徳舛君達は再び旅行を控えた。

遠野の一件以降、東榎木君は好調そのものである。逆に移動制限が解除されたら、次は南へ行こうと提案してくるほどの元気さだった。


移動制限も緩んだ連休前の春だ。

徳舛君と東榎木君は旅に出た。土日を挟む金曜と月曜に有休を取っての旅行だ。ゴールデンウィークに入る前、まだ感染者が爆発的に増えないタイミングを狙ったのである。

佐賀県周辺から熊本県へ南下し、阿蘇周辺までを回る予定だった。

大まかなスケジュールを組んだものの、レンタカーによる気ままな旅にする予定だ。宿だけ押さえておき、後は幾らでも変更可能なようにしておいた。

佐賀県で牛を食べ、吉野ヶ里遺跡近くを通った。

福岡県柳川周辺を通過しながらゴボウ天うどんやラーメンを食し、そのまま熊本県へ入る。熊本県では再建中の熊本城を見学した。

そのまま阿蘇方面へ向かう。途中、名物の高菜めしやだご汁を楽しみ、温泉にも入った後、ビジネスホテルで落ち着くと、ビールを飲みながら東榎木君が話を振ってきた。

「仙台の八木山橋、覚えとるやろ?」

似た橋が阿蘇にもあった、と彼は自慢げに説明を始めた。

阿蘇の赤橋。正式名称、阿蘇大橋。

熊本県阿蘇郡南阿蘇村立野と南阿蘇村河陽字黒川を渡る国道三二五号に架かっていたアーチ状の橋だ。

赤橋は通称である。何故赤橋かと言えば、元々の橋の色は赤（オレンジ）色だったことに起因する。ところが橋からの飛び降りによる自殺者が多発したことで「赤い色が自死を誘発させる一因ではないか」となり、後に灰色へ塗り替えられた。

更に高いフェンスを設けたが、自殺者は完全には後を絶たず、ついには地元住民により橋の袂に「まてまて地蔵」が建立された。自殺を待て待て、思い直せという地蔵である。更に防犯カメラも設置されている。

地元では心霊スポットとして有名であり、各種怪奇現象を体験した者は多いらしい。

橋の近くには大学のキャンパスと寮もあり、ここでも怪異現象が起こっていたようだ。

後の熊本地震により崩落。今現在は別の場所に新阿蘇大橋が架けられたが、旧阿蘇大橋は元の場所で崩壊したまま震災遺構として保存されている。


「ここ、八木山橋に似てる思えへんか？」

確かにそうだ。それに大学が近くにあるのも共通している。

「今は落ちて通れへんのやろうけど、明日行かへん？」

元々そういうのは嫌いではないので、徳舛君は東榎木君の提案に乗った。そこには、どうせ何もない、シチュエーションを楽しむ程度だと割り切りがあった。

翌朝、空港へ向かう前に阿蘇大橋の遺構へ向かう。

ハンドルを握っているのは徳舛君だった。助手席に東榎君が座っている。

午前中だからか、少し道が混んでいた。

「あ、あそこや。あそこら辺」

東榎木君が指し示す方向、広く大きな川の対岸に、大橋の残骸があった。

巨大な力で引きちぎられたような橋が、急な斜面にへばり付くように残っている。

地震がどれだけ壮絶だったか、一目瞭然だ。

無残さに、思わず心の中で手を合わせた。それはここで亡くなった方にだけではない。

地震による犠牲者全てに向けてのことだった。

隣の東榎木君も、沈痛な面持ちでじっと遺構を見つめ、ポツリと呟いた。

「そういえば、宮城県も——東北も」

物見遊山で見物に来たことを、二人は恥じる。

意気消沈の中、空港へハンドルを向けた、そのときだった。

東榎木君が小さく呻き、口元に手を当てた。

車酔いかと訊くが、首を振る。顔を左側へ向け、肩を震わせている。嗚咽のような声。

しかし、泣いているのかどうかわからない。ボンヤリとしたドア硝子の反射では、何も確認できなかった。

東榎木君の名を呼んだとき、不意に彼が前を向いた。

普通の表情だった。涙の跡も、何かを吐き出したような形跡もない。

「ごめんごめん。ちょい咳が出てな」

謝ってくるが、咳ではなかったことは確実だ。何かあったのか問い詰めるが、キョトンとしてこちらを見つめる。

「知らない。何？　何かあった？」

会話が噛み合わないまま、東榎木君は話題を他へ移した。そして旅は終わった。


——この九州旅行以来、徳舛君は東榎木君と旅に出ていない。

再び移動制限が掛かったからではない。また、疫病の再拡大があったからでもない。

東榎木君が突如として仕事を辞めた。そしてそのまま行方をくらましたからだ。

電話もメールもアプリも、一切が梨の礫《つぶて》になった。

自宅を訪ねたが、空き部屋となっている。

以前から今の会社を辞めて、新しい職場へ移りたい。キャリアアップをしたいと常々口にしていたから、そのためかと思ったが、それとは違うようだ。

そもそも、親友の自分に何も言わず、何の相談もせず、行動を起こすだろうか。

しかし、とも思う。徳舛君と東榎木君は、社会人になってからの付き合いだ。すぐに仲良くなった。一緒にいればいるほど、お互い心が通じ合う感覚すらあった。だから、付き合い始めは遅かったが、すぐに親友と称せるほどの関係を築けたのだ。

しかし、東榎木君の家族構成も、実家の場所も、携帯以外の連絡先を知らない。

愕然としてしまう事実だった。


二か月ほどして、東榎木君の携帯が通じなくなった。

だから、これ以上彼を追いかけることはできなかった。

その後、一か月が過ぎた辺りか。知らない携帯番号から電話が掛かってきた。

何か予感があった。取ると、東榎木君だった。

『今、宮城県におる』

背後にはざわめきと駅のアナウンスのようなものが響いていた。

どうして黙って宮城県へ行ったのかと問うが、のらりくらりと躱《かわ》される。

疫病のせいもあるが、何か息苦しくなったから、とだけは聞き取れた。

どちらにせよそのうち宮城県へ会いに行く、この携帯でいいのか、メアドはどうなっているのか。そんな風なことを口にしたが、東榎木君は番号だけで勘弁しろと謝った。

電話が切れた。すかさず番号を登録しておいた。

後日、電話を掛けたら、ちゃんと東榎木君は出てくれた。刺激しないように雑談をし、ある程度のところで切り上げた。

こんな電話を三回ほど繰り返した後だった。

寒い冬の夜中、携帯に着信があった。東榎木君の番号だった。

時間は午前三時過ぎ。躊躇せず取る。が、無言だ。背後はざわめきがあった。

名を呼ぶが、返答がない。耳を澄ましていると、荒い息づかいが聞こえた。短距離を走ったときのようなものではなく、激しく咳き込んだ後のような、喉や肺がゴロゴロと鳴るような苦しげなものだった。そして、突然声が響いた。

『おおう、あああん、えあー、ああああ、えあー、あえー、け、け、け、け――』

確かこんな感じの、嗄れた男の声だ。東榎木君の声色ではない上、何を言っているのか理解できない。東北の言葉にも、九州の言葉にも聞こえるイントネーションだった。下手をしたら、外国語にも感じられた。

唐突に電話が切れた。掛け直す。出ない。日が昇るまで繰り返したが、最後は電源が切れた云々のアナウンスに切り替わった。

仕事を終えた夜、再び東榎木君の番号をコールした。解約されていた。

徳舛君は今も東榎木君を探している。

宮城県内、特に二人で行った仙台市に繰り返し足を運んだ。だが、今も見つからない。

そんな最中、スマートフォンのカメラロールに東榎木君の写真を二枚見つけた。

向かって右に徳舛君、左に東榎木君が笑顔で肩を並べている、全身入ったスナップ写真だ。

誰かに写してもらった風で、それぞれ服と背景が違う。

一枚は、夏の服装で、背景が――遺構になった旧阿蘇大橋が見える道路。

もう一枚は、冬の服装で――何処かの橋のフェンス前の道路。

首を捻っているうち、わかった。仙台市の八木山橋だった。

どちらも撮った、或いは撮影してもらった記憶がない。訪れた季節の服でもない。

とはいえ、顔や髪型はそれぞれ二人で旅行に行ったときのものだ。しかしそれもおかしい。カメラロールが表示する年月日は、五年前なのだ。まだ疫病が流行る前である。

この覚えのない写真が僅かに気持ち悪くなったが、消せない。

仕方なく自宅のパソコンで保存をし、スマートフォンから消した。だが、偶にスマートフォン内で復活しているときがある。

厭な感じがするので、その度に消している。

東榎木君は、今、何処で、何をしているのだろうか。

八木山橋（撮影：久田樹生）

伊達政宗公と支倉《はせくら》常長《つねなが》公

独眼竜、と言えば伊達政宗公。仙台藩初代藩主だ。

杜の都・仙台市の歴史は政宗公が仙台城を築いてから始まった。

今も市民から愛される武将である。

独眼の名が示す通り、政宗公は天然痘で右目を失明していた。よって眼帯を付けた姿を思い浮かべる諸兄姉も多いだろう。

ところが、実際は眼帯を付けていた記録は残っていない。残っている肖像画も両目になっているものが多い。

政宗公の死後、右目を閉じた、或いは半眼として表現されるようになったようだ。

何故そのようなことになったかと言えば、政宗公が親から授かった身体を欠いたのは親不孝であると考え「右目を描くように」と命じたからだという。

公の人柄を偲ばせるエピソードだ。


この政宗公と同じく、仙台市民にとって重要な人物がいる。

支倉常長公である。

政宗公の命を受け、スペイン経由でローマへ向かう「慶長遣欧使節」を率いた武将だ。

慶長遣欧使節の目的は〈スペイン国王から、メキシコとの直接貿易の許可を得る〉そして〈ローマ教皇に謁見、仙台領内での布教のためフランシスコ会修道士の派遣を要請〉。スペインとの貿易を望んでいた幕府も容認した、正式な使節団であった。

ところが、交渉は上手くいかず、帰国時には日本国内に禁教令（キリスト教禁止令）が出されていた。完全に梯子を外された状態と言えようか。

常長公は帰国から二年後、失意の中で亡くなった。

以後、二百五十年に亘り忘れ去られた存在だった慶長遣欧使節だったが、明治時代に再評価の気運が高まったことで、再び支倉常長公の名とともに、世に蘇った。

政宗公と常長公に関する品は、仙台市博物館に大切に収められている。

一度足を運んでみては如何だろうか。きっと当時の息吹を感じられるはずだ。

宮城野区

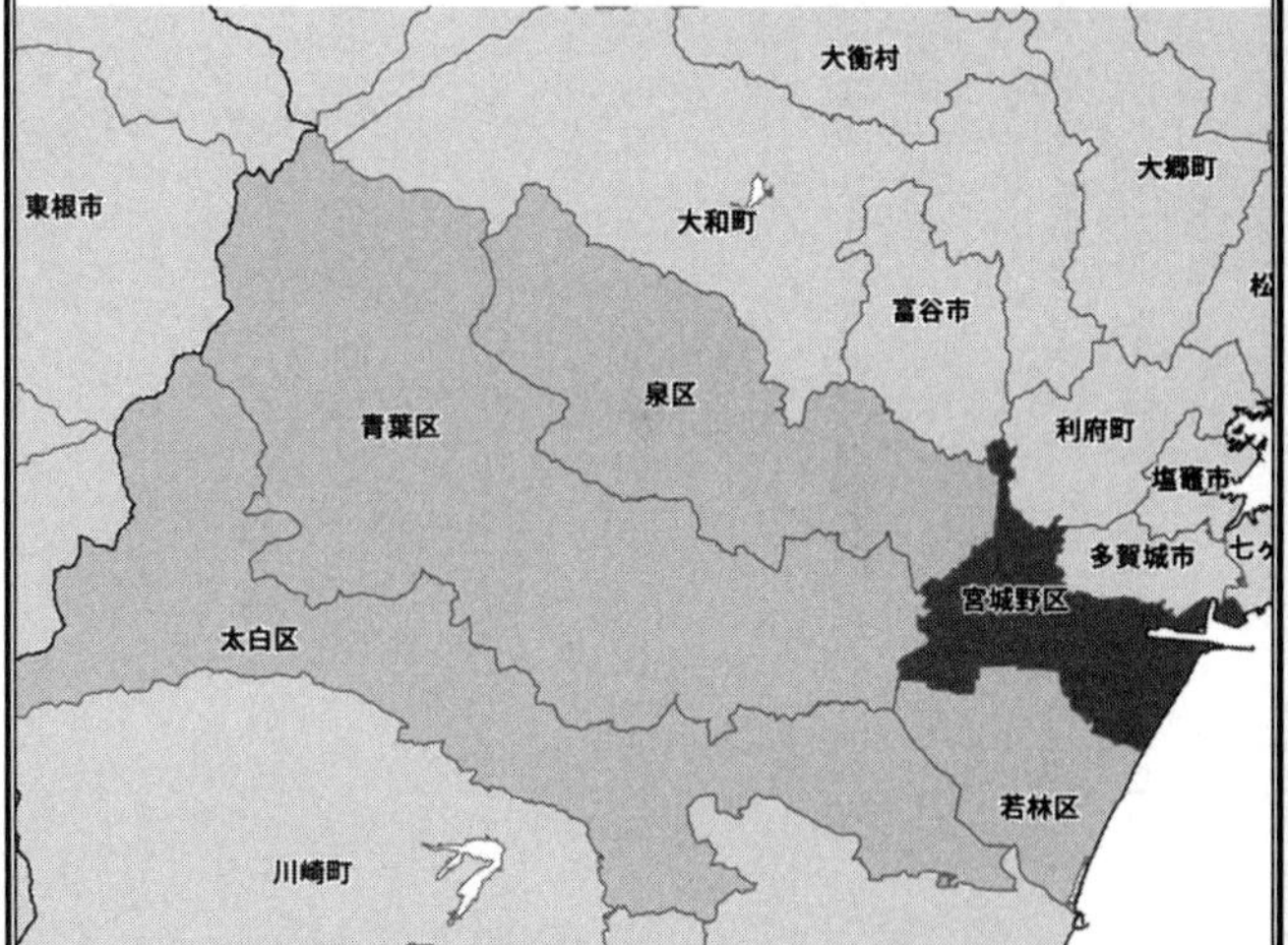

六道の辻

六道は仏教に於いて、人間が輪廻転生する六つの世界を指す。すなわち天道、人間道、修羅道、畜生道、餓鬼道、地獄道。

仙台駅西口から南に五分足らずのところにある北目町ガード付近は江戸時代、変則的な六叉路になっていることから六道の辻と呼ばれていた。

今はガード下で一旦一つの道になるものの、西側と東側に道が三つずつあるので六叉路には変わりがない。

北目町ガードのもう一つの特徴は西側は青葉区、ガード下をくぐった東側は宮城野区と若林区に分かれていることだ。三つの区が隣接する場所は他にないという。

そして西側からガード下をくぐって東側に出ると雰囲気が変わる。西側に比べて低い建物が多く、歩行者も少ない。

そもそも昔は駅を挟んで西側を駅前、東側を駅裏と呼んでいた。

西側は商業施設が建ち並ぶ賑やかな場所だったが、東側は赤線地帯だったこともあり、昭和四十年代に入ってもバラックのような建物が残っていた。

83　六道の辻

北目町ガード（撮影：森野美夜子）
仙台駅南側にある六道の辻は、心霊スポットだという。その名の通り、六方六辻が交わる。また来世への六道ということも由来にあるようだ。

再開発されるまでは駅を挟んで全く違う世界があったのだ。

西側と東側を繋ぐ北目町ガード下の短いトンネルは古びていて、何処か薄暗い。

夜間に西側からトンネルの向こうを見ると歩行者は殆どなく、東側に出てすぐに見えるのは大きな葬祭会館と宗教施設だ。

そのせいか西側からガードに入ると背中が重くなる、一人なのに他の人の声が聞こえる、東側の出口に誰かが立っているという噂もある。

六道は三善趣と三悪趣の二つに分かれる。

六道の辻の風景も二つに分かれるのは当然かもしれない。

与兵衛沼

仙台市北東部、宮城野区に与兵衛沼という沼がある。

仙台藩士・鈴木与兵衛が私財を投じて造った灌漑用水用の沼である。

オカルトファンには心霊スポットとして有名らしい。

関東から訪れた鈴木さんはそんな場所と知らなかった。

否。二十代の彼女はオカルトそのものに興味がなかった。

単に紅葉が綺麗らしいよ、というネット情報だけで訪れたに過ぎない。

確かに美しい紅葉だった。新緑の時期にはまた違う景観なのだろう。次、仙台市に来るときは春が良いかもな、もしかしたら桜も楽しめるかもな、と思った。


沼を後にしてすぐだった。

耳の奥で耳鳴りが始まった。いや、耳鳴りとは少し違う。

例えるなら、硝子製のおはじきを幾つか掴み、手の中で振るような音だろうか。ただし、それよりも少し高音が鈍く、硝子より少し柔らかい材質の音に感じる。

右耳から左耳、左耳から右耳へ、頭の内部を左右に移動していた。

一緒に旅行へ来ていた女性の友人が訝しげな声を上げた。

「耳鳴りがする」

友人も同じ状態に陥っていた。二人で原因を探るがわからない。沼から少し離れると、音はピタリと止んだ。友人と二人ほっと胸を撫で下ろした。


与兵衛沼を訪れた日の夜、仙台駅前のホテルに宿を取っていた。友人と同じ部室で寝ているとき、鈴木さんは夢を見た。

——土を練る手。練った土を素朴な須恵器に仕立てる手。瓦を持つ手。


無骨な職人の手の夢だった。

起きると、またあの耳鳴りの音が聞こえた。

ただし、耳の中ではない。音は部屋の中を動いている。

薄明かりの中、出元を探っていると友人がゆったりと起き上がり、こちらへ顔を向けた。

「音、聞こえる?」

友人の問いに鈴木さんは頷いた。友人にも聞こえていた。

音が動くだけで、後は何も起こらない。スマートフォンを手に取ると午前四時過ぎだった。目覚ましアラームが鳴るまで、あと二時間半というときだ。

不意に音が止んだ。

灯りを点けたが、部屋には特に何もなかった。

友人と話し合ったところ、彼女も同じ夢を見ていた。違うのは、手だけではなく、土に汚れた足先や、大きな昔の建築物、城や寺院も出てきたことだ。

曰く「心地よい夢だった」。

寺院と聞いて、何か良いことがありそうだねと二人笑い合った。オカルトに興味がないとはいえ、素直にそう思えた。


旅行より戻ってから少し経って、友人から電話が来た。

『あの沼の近くに、与兵衛沼窯跡ってあるんだって』

奈良から平安時代のもので、貞観地震（八六九年に起きた）復興期の瓦も製作した窯跡だと言う。当然、城や寺院にも焼き物を納めていたようだ。

二人、ホテルで見た夢との関連で盛り上がる。

『窯跡があるなんて知らなかったけど。こんなことあるんだね』

友人は本当に驚いたと言った様子だった。

その後、鈴木さんは社内コンペティションに出した企画が採用された。詳細は書けないが、陶器が関連している。該当企画のプロジェクトリーダーも任されたが、それは社内的に大抜擢と言えた。

同時期に鈴木さんの友人も、社を上げた大プロジェクトに異例の抜擢をされていた。

二人お互いに「あの与兵衛沼と夢のおかげかもね」と喜び合った。

鈴木さんは与兵衛沼が心霊スポットと噂されていると後に聞いたが、それについて大きく否定している。そんなはずはない、そんなところなら私と友人の聞いた音と夢、幸運は何だったのか、と。

彼女達は、今も元気に仕事と遊びを謳歌している。

時々起こる幸運とともに。

89　与兵衛沼

与兵衛沼（写真 AC）
仙台藩士鈴木与兵衛が私財を投じて造った灌漑用水用の沼。沼の北側に、奈良時代から平安時代にかけての窯跡があり、一説に貞観地震復興期の瓦を製作したと言われている。

ある喫茶店　運命の人

仙台市と多賀城市の境に中年夫婦が経営する喫茶店があった。

幹線道路に面したペンション風の喫茶店は予約客でいつも満員で、予約が一か月先まで埋まっていることもざらだった。

と言っても予約客の目的は喫茶店自体ではない。オーナーの妻の手相占いである。元々は手相占いが趣味の彼女が店を手伝うついでに常連客を占っていただけだった。ところが良く当たると評判になり、占い目当ての客が殆どになってしまったのだ。

それでも食事をした客の希望があればサービスで占うという形で、本業は喫茶店というスタンスは崩さない。予約の電話で占いの話をすると「うちは喫茶店です」と不機嫌な声になるという。

オーナーの妻も占い師と呼ばれることを嫌っており「私はただのおばさんだから」と常々言うので、客も〝おばさん〟と呼ぶようになった。

二十代後半の里香さんは結婚相手を占ってもらおうと友人と一緒に予約を入れた。予約できたのは三週間後で自身の結婚式の一週間前。

そう。里香さんにはすでに正幸さんという結婚相手がいたのである。

だが結婚を迷っていた訳ではない。結婚相手が占いと一致すれば運命の相手ということになる。そんなロマンティックな気持ちからだった。

予約当日、友人が運転する車で喫茶店に向かいながら「占いの結果が正幸さんと一致しなかったらどうしよう」という里香さんの声は何処か明るく、不安を楽しんでいるようにも見える。そんな里香さんを見てウェディングハイってこういうかと友人は思った。


喫茶店はカウンター席が八つ、テーブル席が四つ。広くもないが狭くもなく、調度品もペンション風の外観にふさわしいものばかりでこれといった個性はない。ただ客の殆どが里香さん達と同じ二十代の女性で、緊張しているのか殆ど会話もせずに黙々と食事をしているのが異様だった。

そんな中で占っていると思しき中年女性の声が切れ切れに聞こえてくる。声のするほうを見ると喫茶店の一角がカーテンで仕切られ、そこが占う場所になっているようだった。カーテンからシャツにジーンズ姿の女性が涙ぐみながら出てくる。その姿を見て里香さんは来たことを少し後悔した。

注文した料理を食べながら友人と順番を待つ。

周りの雰囲気に飲まれて食欲はなくなったが、食べ残しが多いと占ってもらえないと言う話もあるので食べるしかない。

そんな里香さんを見て友人が「やめる?」と訊いてきたが、里香さんは首を横に振った。

順番が来て最初に友人が中に入った。しばらくして出てきた友人は「将来のことはまだわからないけど、昔のことは当たっていたかな」と小さく笑う。

「次の人」という声がカーテンの中から聞こえ、里香さんは恐る恐る中に入った。

中にいたのは小太り気味の中年女性だった。ラメの入ったモスグリーンのカットソーに黒いスカート。薄ピンクの合皮サンダルを履いている。何処にでもいるようなまさに〝おばさん〟。イメージしていた占い師の雰囲気から全くかけ離れているが、逆に言えば〝らしくない〟ところが本物っぽい気もする。

里香さんはおばさんの前に座り、言われるままに右手を出した。しかし手相占いと聞いていたのに、掌を見たのは二、三分程度。その後は里香さんの顔を凝視して、唇が薄いなどと人相を見ながら、過去のことを話しだした。

里香さんは怖くなった。客の様子を窺いながら少しずつ正解に近付いてくるイメージが占い師にはあったのに、目の前のおばさんは力強い早口でどんどんと言い当てる。

そして一通り言い終えると「何が知りたい?」と一言。その声は怒っているようで「結婚できますか?」としか訊けなかった。

すると「近いうちにするね」ときっぱり。更に年齢、職業などが一致した。やはり彼が運命の相手だったのだ。

しかし「赤いフレームの眼鏡を掛けているから出会ったらすぐにわかる」という言葉を聞いて里香さんはがっかりした。

正幸さんは確かに眼鏡を掛けているが赤ではない。黒いフレームの眼鏡だ。そもそも地味な人で派手な格好を嫌う。

里香さんは「ありがとうございました」とカーテンを出た。

帰り道、友人に占いの内容を伝えると「当たる人と当たらない人の差が大きいって噂もあるから気にしない気にしない」と慰められる。しかし当たらないのではない。赤いフレームの眼鏡以外は当たっているのだ。

全く当たらないほうがマシだった……と里香さんは憂鬱になった。

とはいえ、そんな憂鬱に浸っていられたのも数日のこと。結婚式前は思っていた以上に忙しく、特に最後の三日間はやることが多い。結婚相手とは電話で話す程度で式の日を迎えることになった。

結婚式当日、着替えを終えた里香さんが控え室に入ると、正幸さんはすでに着替えを終えて親族と談笑している。

その顔を見て里香さんは声を上げそうになった。なぜなら落ち着いた色の赤いフレームの眼鏡を掛けていたのである。

正幸さんに訳を訊くとこうだった。

三日前、学生時代の友人達と飲み会があった。独身最後の飲み会ということもあり、少々飲みすぎてしまった正幸さんはトイレに行くときに転倒してしまう。幸い怪我はなかったものの、眼鏡が壊れた。

翌日、眼鏡店に行くと赤いフレームの眼鏡が目に入る。そして「結婚を機に少し冒険してみようか」と思い切って買うことにした。

赤いフレームをじっと見つめる里香さんに「やっぱり派手？　似合わない？」と不安そうに正幸さんが言う。

「ううん。すっごく似合う！」と里香さんは微笑んだ。

ある喫茶店　背後の霊

例の喫茶店でおばさんに占ってもらったという人は多い。

奈保子さんもその一人で友人と一緒に喫茶店に行き、友人の後で占ってもらった。

カーテンの中から聞こえてくる友人を占う声は誰にでも当てはまるようなあたりさわりのない内容で、そういえば全く当たらない人が偶にいるという噂を思い出した。

実際、カーテンの中から出てきた友人はがっかりした顔をして「ハズレ」と一言。

「私もハズレだったらどうしよう」とドキドキしながら奈保子さんがおばさんの前に座ると、おばさんは手相も見ずに一気に話し出した。

驚いて「私はまだ何も訊いてないいんですけど……」と言うと「あんたと話してるんじゃない！」と一喝される。彼女の後ろにいる男の霊の相談に乗っているのだという。

男の霊と言われても奈保子さんには心当たりがない。しかしおばさんは奈保子さんの右肩のほうを凝視し、時々頷きながら話を続ける。あまりにも真剣な様子に奈保子さんは訳のわからない話を黙って聞いているしかなかった。

しばらくして「あんたの家に古い井戸があるでしょ」とおばさんが奈保子さんを睨むようにして訊いてきた。

「使ってないけどあります」と答えると「それが原因だ！」とまた一喝され、男が成仏できる方法をレクチャーされる。

まずは水を入れた茶碗を持ち、座布団を使わずに仏壇の前に座って一礼。

次に座布団に座って一礼。

このときの礼はひれ伏す程に深く。そして茶碗の水を飲み干す。

これを毎日やれと言われたが、両親に見られたら頭がおかしくなったと思われるのは確実だ。

すると「あんたの喉が渇くのは後ろの男が原因。でもこれを続ければ渇きが治まるから絶対にやりなさい」と念を押される。

確かに奈保子さんは喉が渇いてよく水を飲む。かと言ってやる気にはとてもなれない。

とりあえず礼を言って席を立つと「あんた、肩凝りも酷いでしょう」と訊かれたので頷く。すると「身体に白い蛇が巻きついているのが原因だけど、これを離すのは無理だから諦めること」とばっさり。

男の霊とか白い蛇とかどうなっているの!?　とカーテンから出ると、友人が笑いをこらえてこちらを見ている。

「聞こえてた？」と訊けば「うん。で、やるの？」と言うので「やる訳ないでしょ！」と答えた。

その後、喫茶店では占いをやらなくなった。

人の生死さえも遠慮せずに言い当てるのでノイローゼになった人がいた、おばさんをライバル視する占い師から妨害があったなど色々な噂が飛び交ったが、奈保子さんのように占いそっちのけで霊の話をされた噂は聞かない。

奈保子さんはおばさんに言われたことを実行しなかった。そのせいか喉の渇きは今でもそのままだ。

宅配トラック

宮城野区の沿岸部に住んでいた公子さんは通販マニアだった。通販番組を見ては気に入ったものを度々注文するものだから、いつも来る宅配業者とは自然に親しくなる。

その宅配業者は就職で遠くに住んでいる息子と同じような年頃だった。なので息子のように思い、ついつい世話を焼いてしまう。

暑い日は冷たい飲み物を、寒い日は温かい飲み物を渡すと、彼は「いつもすみません」と言いながら笑顔で受け取る。時々「これ、田舎から送ってきたんです」と野菜をよこすようになり、公子さんは彼に会うために通販を注文するようになった。


その日も公子さんは宅配業者を待っていた。

しかし待っている最中に東日本大震災が起きる。

地震で散らかった家の中を片付けていると、隣人が「津波が来るらしいから一緒に逃げましょう」と現れた。「でも宅配が来るから待っていないと」と言ったら「何言ってるの。宅配業者だって逃げている最中よ」と車に乗せられ、避難所に向かうことになった。

避難所に向かう最中、宅配の彼も逃げていることを祈るばかりだった。

公子さんの家は津波で全壊になった。

自宅の後片付けしていると通販で買った品物が何点も出てくる。

「彼は無事だろうか」と考えていると、車のエンジン音が聞こえた。顔を上げるといつもの宅配トラックが近付いてくる。

「生きていたんだ！」と公子さんは思ったが、震災後、ここは宅配の配達外地域になっている。宅配トラックが来るはずがない。

それでも公子さんはトラックに向かって手を振った。運転席にはあの若い男が乗っている。しかしその表情は生きている者のものではない。

トラックは公子さんの前を通り過ぎて走っていった。

公子さんはトラックを見送ると、缶コーヒーを置いて、壊れた自宅を後にした。

訪問者

宮城野区にある睦枝さんの家は東日本大震災の津波で全壊になった。

仮設住宅での生活に慣れた頃、もうじき古希を迎える夫がとんでもないことを言い出した。

家をリフォームして戻るのだという。建て替えができない地域に指定されたので、戻るとしたらリフォームするしかないのはわかる。しかし土台だけを残してのリフォームは建て直すよりも高い。

結婚して家を出た子供達も反対したが、元々、人の言うことを聞く人ではない。自分の感情が優先で、今までも散々振り回され、今では夫のことは意思の疎通ができない宇宙人だと思って諦めるようにしている。確かに宇宙人ならあんな場所に戻ると言い出しても不思議ではない。

当然、戻ったのは睦枝さん夫婦だけである。周りは全壊状態の建物か、建物を撤去した更地だけだ。夜は街灯もないので真っ暗になる。

そして強引に戻った当の夫は「何もなくてつまらん」と、睦枝さんを置いて車でパチンコに出かけて遅くまで帰ってこない。

戻ってから一か月が過ぎた頃、睦枝さんが一人でテレビを見ていると、玄関を叩く音が聞こえた。

しかしドアスコープから外を見ても誰もいない。

そんなことが度々あり、睦枝さんは未だに彷徨っている誰かが訪ねてくるんだろうと考えるようになった。

不思議と怖さはない。相手は人間だ。人の感情がわからない宇宙人よりもずっとマシである。むしろ宇宙人よりもずっと身近な存在かもしれない。

そんな風に思うと時々ドアを開けて招き入れたくなることもあるが、それはやめたほうがいいことはわかりきっている。

しかしいつかは開けてしまいそうな気もするのだ。

短期物件

仙台は東京などの会社の支店が多く、転勤族も多い街だ。

三十代前半の木村さんが仙台に転勤になったのは六月。

四月を過ぎたばかりで手頃な賃貸物件は何処も埋まっており、高めか安めのものしか残ってなかったが、長くても二年で移動になる木村さんは住むところに拘りがない。いつ移動になってもいいように短期物件であれば十分で、今回はコンビニを挟むようにして建っている宮城野区の二軒のアパートに絞った。

二軒のアパートのオーナーは同じで、ワンルームの間取りもほぼ同じだったが、築年数が二年新しいB棟のほうがA棟よりも八千円ほど安い。

不審に思い、安い理由を不動産屋に訊くと「B棟の隣には高い建物があり日当たりが悪いんです」と言う。

しかし現場に案内してもらうと建物があった場所は更地になっていて、むしろ日当たりはA棟よりもいい。

「また建物が建てば日当たりが悪くなりますから」と不動産屋は言うが、今のところは建築の予定はないらしい。当然、木村さんはB棟に決めた。

木村さんは若いのに古風なところがあり、引っ越しの際は隣近所への挨拶はかかさない。菓子とタオルを持って右隣の住人に挨拶に行くと、出てきたのは初老の男だった。男は品物を受け取ると「あんたのところってさ、皆、半年くらいで引っ越すんだよね」とぶっきらぼうに言い、台所から塩の袋を持って戻ってくると「塩の撒き方を教えてやる」と木村さん宅の玄関を勝手に開けた。

男は「まず入るときに中に撒く。入ったら外に向かって撒く」と実践すると、「塩がなかったら困るから」と持ってきた塩を置いて自分の部屋に戻っていった。

ヤバい人だ……と木村さんは思った。

この部屋に人が居つかないのは隣の男が原因かもしれない。

しかし、会えば挨拶する程度で特に問題は起きなかった。

引っ越して半年近く。木村さんは掃き出し窓の向こうから聞こえてくる足音で目を覚ました。スマホで時間を確認すると午前四時前。足音の主は掃き出し窓の周辺を何度も往復する。カーテンを開ければその姿を確認できるが気味が悪い。木村さんは足音が消えるのを待った。それは一時間ほど続いてやんだ。

それからいうもの、足音は毎晩続いた。

事故物件という言葉が頭に浮かぶ。

だが事故物件は告知義務があるというし、何か起きるとしたら部屋の中だろう。

(もしかすると隣の男の仕業では……?)

木村さんはそう考えた。理由はわからないが隣に人を住ませたくないのだ。或いは追い出すことに快感を感じているのかもしれない。

そちらのほうが現実的だったので「負けてたまるか」と木村さんは耐えることにした。年を越せば外はどんどん寒くなる。いずれは向こうが音を上げるだろう。


しかし幕切れはあっけなかった。年末、木村さんの転勤が決まったのである。他県の事務所に欠員ができたのが理由だったが、僅か半年での転勤は異例で、上司も「他にも人はいるのに」と首をかしげる。

結局、木村さんも半年余りで引っ越すことになった。あまりにも急に決まったため、転勤先の住居は向こうで用意するという。

引っ越し作業の最中、隣の男が現れて「やっぱり引っ越すんだ」と話しかけてきたので、木村さんは無理に笑顔を作って「急に転勤が決まったんです。短い間ですがお世話様でした」と返す。

すると男は「塩、撒かなかったから」と呟くように言い、自分の部屋に戻っていった。

政宗公と刀剣

伊達政宗公は無類の日本刀好きであった。
刀鍛冶を育成するほど情熱を注いでいたと言われる。
育てられた刀鍛冶の名は〈国包《くにかね》〉。作風は古典的であり、政宗公好みだったという。
もちろん、刀好きの政宗公は数々の刀剣を集めていた。

振分髪正宗《ふりわけがみまさむね》
黒ん坊切景秀《くろんぼきりかげひで》
太鼓鐘貞宗《たいこがねさだむね》
大倶利伽羅広光《おおくりからひろみつ》
亘理来国光《わたりらいくにみつ》
凌藤四郎《しのぎとうしろう》
別所貞宗《べっしょさだむね》
牛王良光《ごおうよしみつ》
燭台切光忠《しょくだいぎりみつただ》（関東大震災で焼け身となったが現存）……など他、多数。

それぞれにエピソードがあるのだが、是非調べてみてほしい。

因みに、若き政宗公の手に〈来国俊《らいくにとし》〉という刀があった。

これは公が娶った愛姫《めごひめ》の家・田村家より送られた一振りである。

田村家はかの征夷大将軍・坂上田村麻呂の家系だった。

坂上田村麻呂と言えば、死して平安京の守護神として葬られ、佩《は》いていた刀は朝廷守護の宝剣として天皇に相伝されるほどの人物である。

来国俊は鎌倉中期以降の作であるから、鎌倉時代初期に亡くなった田村麻呂が振るっていた刀ではないだろう。しかし、その家系から政宗公に送られたということは興味深い。

刀を好む政宗公がどんな流派の剣術を身に付けていたか定かではない。

ただし、仙台藩には幾つかの武術流派が伝わっている。

影山流や、御留流（藩外に出してはならない武術。他流の者にも見せてはならない）の鈴鹿流、日置流印西派弓術を始めとした三つの弓術、などである。

戦国武将・伊達政宗公がどのような武を極めていたか、夢想するのもまた、楽しい。

若林区

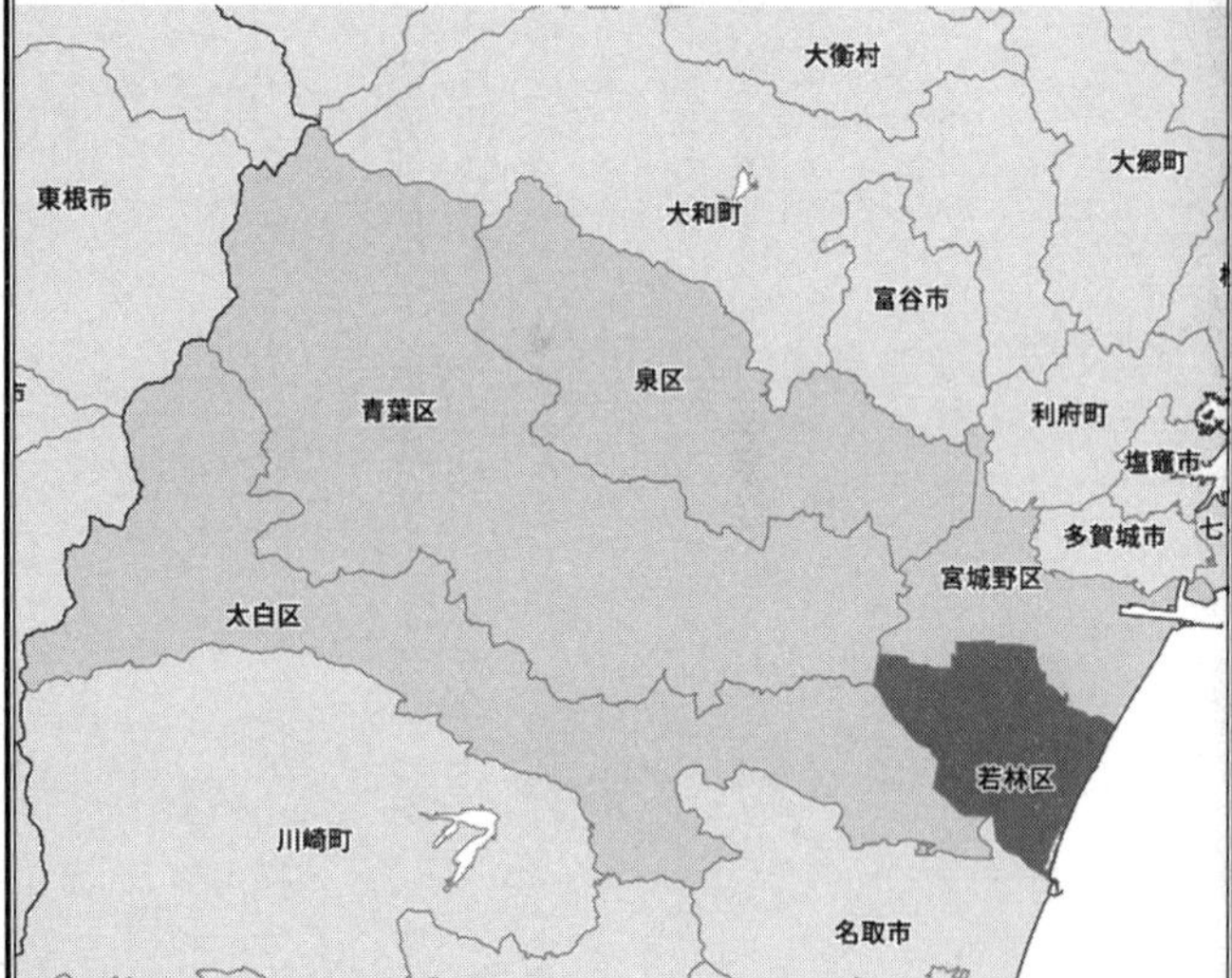

お狐様の休憩所

荒浜の海岸から一キロ離れた田んぼの中、高さ二メートルにも満たない丘の上に松の木に囲まれた小さな祠と鳥居がある。

この丘は岩沼市の竹駒神社、塩竈市の鹽竈神社の中間地点にあり、この二つを往来するお狐様が休憩する場所だとして「狐塚」と呼ばれていた。

近くを走る県道は見通しがいいのに事故が多いとの噂があるが、それはお狐様の往来を邪魔しているからかもしれない。

東日本大震災でこの狐塚周辺は壊滅状態になった。しかし襲ってきた津波の高さよりも低い場所にあるにも拘らず、狐塚は僅かな被害で済んだ。全てが流された土地に立つ赤い鳥居に目を見張った者は多い。

お狐様は自身の休息場は守ったが、祠と鳥居を作って丁寧に祀った狐塚の所有者は津波の犠牲になった。

神様は人の徳とは無関係なものなのかもしれない。

狐塚（撮影：久田樹生）
津波ですべてが流された地に、狐塚だけがしっかりと残っている。

お茶っこのみ

主に女性達が集まってお茶を飲みながら世間話をすることを仙台では「お茶っこのみ」という。今でも様々なサークルが「○○お茶っこのみクラブ」と名乗るほど「お茶っこのみ」の習慣は健在だ。

とはいえ、持ち寄った手作りの漬物をお茶請けに世間話をする昔ながらのお茶っこのみはお年寄りの習慣になりつつある。「お茶っこのみすんべ」と声を掛けられて集まることもあるが、曜日や時間を決めて集まることが多い。

木村さんは若林区の住宅地の中にある食堂の二代目。父が亡くなってからは母親と妻の三人で店を切り盛りしていた。

毎週火曜と金曜日は昼の営業を終えた食堂の座敷席で、母親の久江さんが近所の人を招いてお茶っこのみをする。木村さんと妻は年寄り達の会話を聞きながら後片付けし、偶には会話に加わった。

二月が近付いたある日、木村さんが後片付けを終えて一服していると「おっかねえから、やんだ」と久江さんの声が聞こえてきた。続いて「おっかねーことねえ。ちゃちゃっと終わる」「んだよ。よくめえるようになるからしたほうがいいっちゃ」とお茶っこのみ仲間の声。

ここ最近、久江さんは白内障の症状が進み、医者から手術を勧められている。しかし怖がりの久江さんは「やんだ、やんだ」と拒んでいるのだ。

木村さんは座敷に行くと「皆も言ってっぺ。そろそろ覚悟して手術を受けろや」と話に加わり、手術を受けることを了承させた。

手術は三月の金曜日に決まった。

本当ならお茶っこのみがない日が良かったのだが、通っている眼科は金曜日が手術の日と決まっているので仕方がない。

手術を控えた火曜日のお茶っこのみは「あの先生はじょんずだから心配すな」「けっぱれ！　けっぱれ！」と久江さんの壮行会のようになり、木村さんも「次の火曜日は寿司でも取って、皆でぱあっとやるべ」と励ました。

金曜の朝、久江さんは「行ってくるっちゃ」と家を出た。

そしてその日の午後二時四十六分に東日本大震災が起きた。

久江さんは眼科の帰りは幼馴染みの家に寄って、お茶っこのみをするのが常だった。そしてその家は沿岸部にある。

「まさか手術したばかりでお茶っこのみにはいかないだろう」と木村さんは思ったが、久江さんはとうとう帰ってこなかった。

久江さんが遺体で見つかったのはそれから二週間後のことである。久江さんの遺体は山形で荼毘に付され、自宅に戻った。

線香を上げに来たお茶っこのみの仲間達は「わたすらが手術を勧めたから」「なじょすたらええんべや」と泣きながら木村さんに頭を下げる。

木村さんは「勧めたのは俺も一緒だ。んだから気にしないでけさい」と慰めながら、こんな風に後悔している人がどれほどいるのかと考えると胸が痛んだ。

ライフラインが通常に戻り、食堂を再開したのは四月下旬だった。

再開直後の火曜日、昼営業を終え「お茶っこのみが懐かしい」と木村さんが座敷席に目をやると、久江さんがいた。

一瞬で消えてしまったが確かにいた。それからというもの火曜と金曜日になると久江さんはフッと現れてフッと消える。

木村さんは「次の火曜日は寿司でも取って、皆でぱあっとやるべ」という最後の約束を思い出し、お茶っこのみ仲間の家を回り「うちの食堂でお茶っこのみを再開してほしい」と頼んだ。

お茶っこのみの仲間が久しぶりに集まった火曜日。木村さんは約束通りに寿司を取った。もちろん久江さんの分もだ。久江さんの姿は見えなかったが、気配はあった。皆もそれを感じているようで「久江ちゃん。ありがたくごちそうになるね」と努めて明るくふるまった。

こうしてお茶っこのみは再開されたが、しばらくすると久江さんの気配が消えた。それでも木村さんの家でお茶っこのみは続いている。久江さんのお茶も置いて。

ガマの神様

由紀子さんは中学生になるまで若林区にある父の実家に祖父母、両親、そして未婚だった叔母と六人で住んでいた。

実家は士族の家柄で、そのためか決まり事が多い。

「貰い物はまず仏壇に供える」のような一般的なものから「手が汚れるので正月に買い物をするな」「ひな祭りは家中の人形を集めて飾る」などあまり聞いたことがないものまで、決まり事は日常生活の全般に及ぶ。

その決まり事に中に「冬眠から目覚めたガマガエルを拝む」というのがあった。

春、庭でガマガエルを最初に見つけた家人が「ガマ様が起きた！」と言うと、家にいる全員が集まってガマガエルを拝む。ガマガエルは病気を退治してくれる神様なので、大切にしないといけないのだという。

昔は虫を媒介にした病気が多かった。なので虫を食べるカエルを拝むようになったのかもしれない。

由紀子さんが中学生になったのを機に父は実家近くの中古物件を購入した。

のちに生まれた弟二人が大きくなり、実家が手狭になっていたところに、いい物件が売りに出されたからである。

おばあちゃん子だった由紀子さんは別居してからもよく実家に顔を出した。特に春先になると冬眠から覚めたガマガエルを一番に見つけるために毎日のように通った。

高校二年生の夏、実家の前の道路でガマガエルが車に轢かれて死んでいるのを見たことがある。

「ガマ様が死んでしまった！」と動揺したが、翌年の春になるとガマガエルは現れた。実家は駅から車で十分ほどの距離だが、戦前から続く住宅地である。ガマガエルがあちこちに住んでいてもおかしくはない。

だいたいガマガエルの寿命がどのくらいかは知らないが、家に現れるガマガエルがいつまでも同じであるはずがないのだ。

所詮、何処にでもいるカエルなのだとは思いつつも、春にガマガエルが見るとついつい拝んでしまう。祖父母が亡くなってからは色々な決まり事は自然にやらなくなってしまったが、ガマガエルを拝むことだけは何故か全員がやめられなかった。

平成の半ば、実家を処分することになった。祖父母が亡くなり空き家になってからは両親が毎日のように実家に行って仏壇を拝んできたが、歳を取るにつれて足腰が弱り通うのが難しくなってきた。なので父が弟妹達に実家の売却を提案すると、未練はあるがいずれは処分することになるので仕方がないと了承を得たのである。

幸い駅から近いこともあって買い手はすぐに現れた。戸建て売買専門の会社で、決算の関係で一月には引き渡しをしてほしいと言う。

それを聞いた全員の頭の中にガマガエルのことが浮かぶ。一月はまだまだ冬眠中である。売却後、すぐに戸建て住宅の建築が始まったらどうなるのか。しかし税金の面から考えても売却を春まで伸ばすのは難しい。

結局「冬眠中でも地面を掘り起こされたら出てくるんじゃないか」との叔父の言葉で一月末の売却を決めた。

売却後、由紀子さんと両親は実家が取り壊されるのを見るのは辛いと、その近くを避けて歩くようにした。

約一年後、由紀子さんが実家の跡地を恐る恐る見にいくと、三軒の家がパズルのように組み合わされて建っていた。そして地面は全てコンクリートで固められ駐車スペースになっている。

もしガマガエルがそのままコンクリートの下にいたら……。

平成の終わり近くになると周辺の古い家屋も次々と壊され、同じような建売住宅が建つようになった。どの家も跡継ぎが戻らずに空き家になっていた家だ。仙台のような地方都市はよくあるパターンである。

ただ由紀子さんはコンクリートに覆われていく地面を見ながら、どれだけのガマガエルが埋まってしまったのだろうとついつい考えてしまう。

悪い病気を退治してくれるガマの神様達。

世界中を疫病が襲ったのはそれからすぐの話だ。

芋煮会

仙台の秋の風物詩は芋煮会である。

秋になると河原で芋煮会を楽しむグループの姿をあちこちで見ることができる。

河原が近いコンビニやスーパーの店頭に薪が積まれるようになると「芋煮会のシーズンが来た」とワクワクするのが仙台人だ。

ただ芋煮と言っても芋だけを煮るのではない。仙台は里芋と豚肉をメインにして、これにこんにゃく、にんじん、ごぼう、ねぎなどを加え、仙台味噌で味付けをしたものを芋煮という。

豚の代わりに牛肉を入れ、醤油で味付けをする山形県民からは「それはただの豚汁！」とよく言われるが「芋煮と豚汁は全く違う！」と仙台人は譲らない。

若林区に住む北村さんも、バイク仲間と広瀬側で芋煮会をするのが恒例だった。アウトドア好きも多いので、川で釣った魚も焼いて食べる。

ある年の秋。川魚が面白いほどに釣れた。芋煮会はそっちのけで釣りに熱中する者も現れる程だ。

釣った魚は丸々と肥えており、食べごたえがあった。

芋煮と焼き魚を肴に大いに酒が進む。

帰宅後、北村さんは猛烈な吐き気に襲われた。

「調子に乗って飲みすぎたな」と北村さんはトイレにこもって吐いた。しかし吐いても吐いても吐き気は治まらず、しまいには濁った水のようなものがどんどん出てくる。

とうとう北村さんは便器を抱えるようにして気を失った。


一週間後に芋煮会の反省会という名目の飲み会があった。

芋煮会以来、体調が悪い木村さんは顔だけ出して帰るつもりで行ってみると、他のメンバーも木村さん同様に体調が悪そうだった。聞けば全員が帰宅後に吐き気に襲われ、今でも吐き気が続ているという者もいた。

集団で同じ症状が出たのだから食中毒の可能性もあるが、十分に過熱したものしか食べてない。

何がまずかったのか話していると、芋煮会をした川の近くに住んでいるメンバーが言いにくそうに話しだした。

「実はさ、あの後、川上で年寄りの遺体が見つかったんだよ。川に掛かる樹木の陰に隠れてなかなか見つからなかったらしい。それでさ、その遺体ってのが川魚に食いつくされた形跡があって……俺達、その魚を……しかも内臓まで食べた奴もいるし……」

北村さん達は再び吐き気に襲われた。

講堂の幽霊

　仙台にはナンバースクールと呼ばれる高校がある。それは校名に数字が付く、明治時代に創立された旧制中学校、高等女学校の伝統を継承した入学難易度と進学実績が高い高校を指す。

　約四十年前のこと。友子さんはナンバースクールの女子高に進学した。母とその妹二人もその学校の卒業生だったが、ナンバースクールではそういった生徒は珍しくない。親子二代どころか三代に亘る生徒もいる。

　これはナンバースクールに限らず、歴史のある学校ではよくあることかもしれない。

　友子さんが入学して驚いたのは母や叔母の時代に現役だったものがまだまだ残っていることだった。

　学校の備品ならわからないでもないが、母達を教えた教師が講師となってまだ教鞭を執っている。そしてその講師達も学校の卒業生が多く、彼女達はどれほどの時間をここで過ごしているのかと思うと少しぞっとした。

友子さんが入部した演劇部の部室は校舎と体育館に挟まれたように建っている講堂の奥にあった。この講堂は戦中の建物と噂されるほど老朽化が進んでおり、床のところどころが木の板で補強されている。これが私立高校だったら寄附金を集めて新しく建て直すだろう。しかし公立はそうもいかないようで、近くにある別のナンバースクールの講堂の建て直しが先だと言う。それは友子さんが卒業するずっと先のようだった。

演劇の部室は横に長く、中央には蛇口が六つも並んだ大きな水飲み場があった。それが部室の大半を占めているので、その両脇にミーティングスペースと作業場が付いているような造りになっている。

木造の講堂は寒い。窓は木枠だし、部室の出入り口は観音開きの扉だ。木の隙間から冷たい空気が流れ込んでくる。決して居心地のいい空間ではなかったが、学校生活の殆どを友子さん達はここで過ごした。朝は教室よりも先に部室に行く。昼ご飯は部室で食べる。放課後は部活がない日も部室に行って、下校時間ぎりぎりまで過ごす。

学校に通っているよりも部室に通っていると言ってもいいほどだ。

ただちゃんとしたテーブルと椅子があるミーティングスペースを使えるのは上級生が中心で、友子さん達一年生は水飲み場の前に椅子を並べて過ごしていた。

何か嫌なことがあっても部室に行って皆と会えば気分が晴れた。水飲み場に並んでバカ話をしたり愚痴を言ったりする毎日は青春という名にふさわしい日々だった。

入学して最初の夏休みも文化祭の出し物の稽古で毎日のように部室に通った。ただ稽古は午前中のみで、午後からは夏休みの宿題を全員で片付ける。進学校の宿題の量は多く、一人では終わりそうにないからだ。

水飲み場に並べた椅子をテーブル代わりにし、床に座って宿題をしていると、部員の一人が悲鳴を上げた。水飲み場には大きな鏡があるのだが、そこに知らない生徒が一瞬映ったというのである。最初は誰も本気にせずに、「暑さにやられたんじゃないの」「勉強のしすぎだよ」とからかった。

しかし他にも色々なことが起きた。誰かに手や足を触られる。耳元で何かを囁かれる。水飲み場の対面にあるロッカーから白い手が出てくる。

体験者は演劇部員だけではない。講堂は卓球部が練習で使っているのだが、演劇部員が帰った後でも部室に人の気配があるという。

その話を一年生の卓球部員から聞いた友子さん達は先輩に「部室に幽霊が出るみたいで……」と恐る恐る切り出すと「うん。そうだよ」とあっさり返された。

「でもさ、きちんとした部室がある文化部は演劇部だけでしょ。幽霊ぐらいで出ていくのはもったいないじゃん」

「別に殺される訳じゃないんだから大丈夫」

「そのうち慣れるって」

確かにここを出ていくことにしたら他の文化部のように教室を放課後に間借りすることになる。幽霊は頻繁に出る訳ではない。部室で過ごす日々を失うことを考えたら幽霊くらいはどうってことないかもしれない。

友子さん達は耐えた。そしてそのうちに慣れた。しまいには幽霊に「ゆうちゃん」という名前まで付けていたという。

高校卒業を目前にしたある日、ふと「お母さんが通っていた頃に幽霊が出るっていう噂があった？」と母親に聞いたことがある。

すると「渡り廊下の水飲み場に出る幽霊の話はよく聞いたわねえ」と言われた。

昔は校舎、講堂、体育館を繋ぐ渡り廊下があったそうだ。

——水飲み場の幽霊。

部室の校舎側と体育館側の壁をよく見ると板で簡単に塞いであるような造りだった。講堂は昔のままだが、校舎と体育館は建て替えになっている。

建て替えのときに渡り廊下はなくなり、講堂の部分だけが残されたに違いない。部室は講堂の一部ではなく渡り廊下の一部だったのだ。

母の頃から、ひょっとするとそれよりも前からいる水飲み場の幽霊。
やはり伝統校には古いものがまだまだ現役で残っているのだ。
現在、講堂は取り壊され、代わりに同窓会会館が建っている。
それでも水飲み場の幽霊はまだいるのだろうか。

供養

仙台駅東口を出て数分も歩けば、寺院が集中していることに気が付く。若林区にある新寺、連坊は地名からもわかるように所謂寺町だ。


「きちんと供養された人間は少しも怖くない。怖いのは供養されなかった人間だ」

それが拓実さんの祖母の口癖だった。

「だから供養された人が入っているお墓は少しも怖くない」と更に続く。

拓実さんは両親と祖母の四人家族で、寺町に長年住む祖母は誰よりも信心深く、先祖の供養は欠かさなかった。事ある毎に墓参りをし、仏壇には仏膳を毎日上げて朝晩拝む。

そんな信心深い家庭にも拘らず、拓実さんは両親を事故で、祖母を病気で立て続けに亡くし、中学二年で家族全員を失う悲劇に見舞われた。幸い両親の保険金と祖母が持っていたアパートの収入、それに親戚の助けもあり、高校まで卒業することができた。

成績優秀だった拓実さんは親戚から大学進学を勧められたが、早くに家族を失ったせいか、彼はできるだけ早く家庭を持つことが夢だった。

そして公務員試験を受けて合格したとき、真っ先に報告に行ったのは両親と祖母が眠っている墓だった。

そう。一人になっても拓実さんの信心は変わらなかった。きちんとした供養こそが三人のためだと、仏膳までは用意できなくても、仏壇には花は絶やさず、朝と晩には線香を上げて毎日拝む。

それはすっかり生活の一部になっていた。


結婚相手となる三歳上の幸恵さんと出会ったのは職場の先輩が連れていってくれた居酒屋だった。二十歳になったのだからと飲酒を強要する先輩を店員の幸恵さんはやんわりと諌め、悪酔いした拓実さんを介抱してくれた。

女性慣れしない拓実さんはその優しさに感激し、以来、拓実さんは一人でも居酒屋に通うようになった。

最初の頃は拓実さんの完全な片思いだったが、身の上話をするうちに幸恵さんのほうから積極的にアプローチするようになり、出会って半年後には結婚を決めた。

しかし親戚は幸恵さんとの結婚に難色を示した。拓実さんがまだ若いことが理由ではない。

幸恵さんの両親はまともに働いている様子はなく、拓実さんの両親が残した資産に目を付けているのがみえみえだったからだ。

また幸恵さんは男好きのするタイプで、危うい感じがする。実際、幸恵さんは居酒屋の常連客と次々と付き合っていた過去があった。だが恋は盲目である。結局、親戚の反対を押し切る形で二人は結婚した。

案の定、幸恵さんの両親は拓実さんに金の無心をするようになった。結婚しても間もなく子供が生まれると、孫の面倒を見る名目で拓実さん宅に入りびたって朝から酒を飲んでいる。

一方、幸恵さんはすんなりと家庭に収まった。拓実さん同様に朝と晩には仏壇に線香を上げて拝む。そんな姿を見ると両親に問題はあるものの、この結婚に間違いはなかったと拓実さんはしみじみと思った。

しかし幸せは長く続かない。

幸恵さんは息子の太一が二歳になる前に男を作って家を出ていってしまったのである。

幸恵さんの両親、拓実さんの親戚も交えて何度も話し合ったが、幸恵さんの気持ちは変わらなかった。大切な金づるを失う幸恵さんの両親は彼女を勘当するとまで言ったが、結局は離婚となる。

二十代前半でシングルファザーとなった拓実さんを親族は家庭運がないと嘆いたが、彼は息子が手元に残ったことを幸せだと思うことにして、大切に育てた。

息子が六歳になる頃、拓実さん宅の玄関先に差出人不明の荷物が置かれていた。中に入っていたのは幸恵さんの骨壺と彼女と一緒に住んでいるはずの男の手紙で、それによると幸恵さんはまた男性関係でトラブルを起こし、散々もめた末に自殺したという。男は幸恵さんの両親に連絡したが葬儀どころか遺骨の引き取りも拒否されたので、遺骨は拓実さんが引き取ってくれという身勝手な内容だった。

拓実さんの親戚は怒り、市営の共同墓地に入れることを勧めたが、離婚しても息子の母親である。

祖母が「きちんと供養された人間は少しも怖くない。怖いのは供養されなかった人間だ」という言葉を思い出し、自分の墓に入れることにした。

住職にも縁が切れた者を入れることを反対されたが、拓実さんには共同墓地に入れることが正しい供養とは思えない。また周囲の反対を押し切って幸恵さんを墓に納骨した。

その後、すぐに拓実さんに恋人ができた。和美さんという同い歳の同僚で、彼女にも夫の浮気が原因で離婚した過去がある。そんな和美さんは男手で一つで息子を育てる拓実さんをとても好もしく思っていて、拓実さんもその好意に気付いてはいたが、これまでは幸恵さんの存在があった。

万が一戻ってきたときに居場所を用意したい。そんな思いでいた拓実さんにとって、幸恵さんの死は大きな区切りだった。

親戚は和美さんを大歓迎し、早く結婚するようにと勧めたが、息子のことを考え、ひとまず同居して様子を見ることにした。

幸い息子と和美さんの関係は良好だった。和美さんも信心深い性格で仏壇に線香と花を欠かさない。両親はともかく幸恵さんも入っている仏壇である。流石に気にならないのかと訊けば、太一君の母親としか思っていないと笑って言った。

拓実さんは結婚を決めた。

しかしそれから和美さんの様子がおかしくなった。夜になるとうなされるようになったのである。心配した拓実さんが色々と訊いても何も言わない。

しばらくすると「頭がおかしくなったと思われると黙ってたけど、もう限界。亡くなった幸恵さんが毎晩夢に出て、私を苦しめるんです。お願いだから結婚はなかったことにして下さい」と泣きながら言ってきた。

「きちんと供養した人間は少しも怖くない。怖いのは供養されなかった人間だ」

祖母はそう言っていたのに何故。
しかしよく考えると幸恵さんはきちんと供養された人間だろうか。
墓に入るまでの長い間は供養された状態とはとても思えない。

怖いのは供養されなかった人間。

恐らく供養が遅すぎたのだ。幸恵さんはきっと成仏できないでいるのだろう。
そんな人間を墓に入れてまた縁を繋いでしまったのだから、和美さんとの結婚を許さないのは当然かもしれない。

和美さんとは別れるしかない。
きっとこの先も息子二人で生きていくしかないのだ。
拓実さんは仏壇を見た。供えていた花が少し揺れたようだった。

寺町の子供達

イベントをやるお寺は意外に多い。座禅会や写経のようなお寺らしいイベントもあるが、落語や演奏会など住職の趣味で催すイベントもある。

仙台駅の東側に広がる寺町に住む直樹君の友人にはお寺の子もいて、お寺は身近な存在だった。

雨の日は友人の家であるお寺に集まってマンガを読んだり、ゲームをしたり。

友人の父親から「そんなに暇なら座禅をしなさい」と座禅を組まされたこともある。

辛かったがその後には美味しいおやつが待っていた。

ある雨の日。直樹君を含めた五人で輪になって、本堂でゲームをしていた。対戦型のゲームで、携帯型ゲーム機を真剣になって操作する。

と、直樹君のゲーム機の画面にぐにゃっとした黒いものが現れた。それはそれぞれのゲーム機の中を移動するように順番に現れ、三周するとフッと消えた。

驚いた直樹君達は友人の父親に助けを求めたが、寺にいるものなら悪いものではないと笑って言われた。

確かにそうだと納得したのはやはりお寺が身近な存在だからかもしれない。

猫の塚

仙台市内に猫塚古墳があったことはあまり知られていない。

ある屋敷で飼われていた猫が厠に行こうとする妻につきまとって邪魔をする。その様子を見た夫が刀で猫の首を刎《は》ねると、その首が天井に隠れていた大蛇に噛みついた。危険を知らせようとしていたことを知った夫は猫を手厚く葬って、塚を築いたというのが猫塚の由来らしい。早くに破壊されてしまったため残存する物はなく、詳細は不明であるが、跡地には現在、少林神社が建っている。

多喜男さんの家はその近所にあった。

年老いた母親は斑《ぶち》の雌猫を溺愛していて、猫も母親にしか懐かなかった。母親の姿が見えないと捜しまわり、夜は必ず一緒に寝る。まさに一心同体という感じだ。母親の足下にまとわりつくようにじゃれつく猫を「危ない！」と多喜男さんは度々追い払ったが、母親は「乱暴なことはしないでちょうだい」と猫をかばう。

そしてある日、多喜男さんの悪い予感は的中した。母親が玄関から三和土に下りようとしたところ、じゃれついた猫に足を取られて転倒し、頭を強打して意識不明になったのだ。

多喜男さんは猫を「恩知らずの畜生が！」と強く打って家から追い出した。

家から出された猫は庭の隅の紅葉の木の下にうずくまって家のほうを見ている。多喜男さんは石を投げて更に猫を追い払ったが、猫はいつの間にか戻って紅葉の木の下にうずくまっている。

何も食べずにうずくまっている猫を可愛そうに思った多喜男さんの妻がこっそりと餌を与えたが、猫は何も食べずに家のほうを見ているだけだった。

結局、多喜男さんの母親は死んで自宅に戻ってきた。

布団に寝かせた母親の前に座っていると猫が入ってきたが、もう追い払うことはしなかった。通夜は自宅で済ませたが、猫はずっと布団の傍にいた。

そして寺での葬儀を終えて自宅に戻ってくると、仏壇の前で猫が死んでいた。死因はわからない。

多喜男さんは流石に哀れに思い、紅葉の木の根元に猫を埋めることにした。

埋めたところがわかるようにと土を丸く盛り上げて、家のほうを見ると、仏壇が見えた。

拝み屋

今では殆どいなくなってしまったが、拝み屋という職業がある。

拝み屋は東北地方に多く、還暦を過ぎたばかりの清子さんが小学生の頃はまだ身近な存在だった。

拝み屋と聞くとテレビの影響からか、念仏を唱えて悪霊を祓うイメージを持つ人が多いが、清子さんにとって拝み屋は〝悩み事の相談をする人〟だ。

なぜなら母や祖母は悩み事があると「今から拝み屋さんに行ってくる」と出かけていったからだ。

しかし清子さんはその拝み屋さんを見たことがない。わりと近所に住んでいるということまではわかっているが「あんたにはまだ必要がない」と祖母も母も場所を教えてくれないのだ。

後になってわかったことだが、父は女性関係でちょくちょく問題を起こし、その度に二人で相談に行っていたらしい。

だったら単なる相談相手かと言うと、政治家や商売人が先のことを聞きにいけば、それなりの結果を出していたそうで、拝み屋さんが亡くなったときは大勢の偉い人が葬式に参列したいう。

しかしどれもこれも又聞きで、祖母と母はどんなに訊いても「必要になればわかる」というだけで、拝み屋さんが何処に住んでいるのかは最後まで教えてくれなかった。

結婚してからも実家近くの同じ若林区内に住んでいた清子さんは、長女が小学生のとき、児童会の役員で一緒になった典江さんと仲良くなった。話していると楽しいし、妙に馬が合う。それは典江さんも同じようで、お互いの家をよく行き来し、子供達が大きくなってからは二人で旅行にも行くようになった。

そんな関係が二十年近く続いたある日、いつものように典江さんの家に遊びに行くと庭の隅に鳥居と祠があることに気が付いた。それは今まで気が付かなかったのが不思議なくらいの立派なものだった。

「あの鳥居と祠、最近、作ったの？」と訊くと「何言ってんの。昔からあるのに気が付かなかった？」と驚かれ、「主人のおばあちゃんが拝み屋さんだったの」と言う。

……近所に住んでいる拝み屋さん。

更に「けっこう有名だったみたいでね。葬式には偉い人がたくさん来て大変だったの」と言うではないか。

間違いない。祖母と母が通っていた拝み屋さんだ。

「拝んでもいい？」と清子さんは庭に降りた。鳥居と祠はお供え物があり、今でもきちんと祀られているようだった。

「おばあちゃんがね。死ぬ間際に何故か私に鳥居と祠を任せるって言い出したの」

「必要になればわかる」という二人の言葉を思い出す。

なぜなら最近、清子さんには悩み事があり、愚痴交じりに典江さんに相談するようになった。そして相談すると心が軽くなるのだ。

やっと会えたと清子さんは祠に向かって手を合わせ、深々と頭を下げた。

なく女

宮城刑務所仙台拘置所、通称、六角大学には伊達政宗公の側女に纏わる伝承がある。

正宗公の寵愛を受けていたのだが、突然疎遠にされてしまった女の話だ。

女は正宗公のところへ通ったが、門前払い。結果、無念を残して女は死んだ。

以降、亡くなった女のすすり泣きが聞こえるようになった。というもので、それが六角大学の辺りなのだそうだ。

現代の仙台にも「なく女」の話がある。

といっても、悲しみの〈泣く〉ではないのだが……。


岩手出身の会社員、菅野さんは、就職で仙台市へ移り住んだ。

菅野さんは、見た目が良く、人に合わせる性格だったので、女性にはすこぶるモテていた。だが、あまり一人の女性と長続きするタイプではなく、どちらかというと「とっかえひっかえ」という感じだったのだが。

あるとき、付き合った女性に執着を見せるようになる。

「付き合っていた当時は、彼女のことをこれ以上の美人はいない、と思っていたんです。

でも、今にして思えば、何故あの女のことを美人だと思っていたのか……」

菅野さんは苦虫を噛み潰したような顔で語った。

ありていに言って、その彼女は美人どころか、普通よりやや下くらいの容姿なのに、何故か極上の美人だと思い込んでいたのだそうだ。

「とにかく、別れたくない。別れたら死ぬ、とまで思い詰めていたんです。この最高の女性を逃したら、もう後がない、というような切羽詰まった気持ちにさえなっていたんです」

惚れた弱みというのだろうか。

相手の女性は、気に入らないことがあるとすぐに「じゃあ、別れようか？」と、脅しに近いことを言っては、菅野さんに御機嫌を取らせていた。

完全に「下僕と女王様」の図式ができあがっていた。

周囲の友人達には「何であんな女と？」「いいとこないじゃん」というような感じで、二人の付き合いはあまり良く思われていなかった。

「男女問わず、色々言ってくる友人がいたんですが、当時は『俺のことが羨ましいんだな』『嫉妬はみっともないな』としか思っていませんでした。今思えば、彼女の尻に敷かれて窮屈な思いをしている俺のことを思って言ってくれていたのだとわかるんですが」

そのときの菅野さんは、彼女との関係を最高のものだと信じて疑わなかった。

ある、とても寒い日のこと。

彼女の部屋で眠っていた菅野さんは、寒さで目を覚ました。

この室温は、部屋の暖房が消されているようだった。いつもは点けっぱなしでぬくぬくと寝ているのに、いったいどうしたことだろうと、ボンヤリと薄目を開けて右側を見ると、全裸の彼女がベッド脇に立て膝をついていた。

そして、自らの口でねぶった自分の指を、菅野さんの口に突っ込んだ。

他にも、言えないような場所に突っ込んだ指を、菅野さんの口に突っ込む。

何度か菅野さんの口に指を突っ込んだ彼女は、満足したのか何なのか、そのまま右側に添い寝し、耳元で何かを囁きだした。

小鳥がさえずり鳴くような声。

その合間に、痰が絡んだような声が混じる。

「鳴く女」だ。

菅野さんに、そのさえずりの内容はわからなかったが、何か呪文のような感じであったという。

「そのときの俺は、本当にどうかしていまして……。彼女の行動を、変だとも何とも思わず、むしろ愛されているんだと喜んでさえいました。何であれを愛情表現だと思い込んでいたのか、未だに自分で自分が理解できません」

実は、そのおかしな行動はそのときが初めてではなくて、彼女の部屋で一緒に寝るときには、必ず同じことをしてきたという。ただ気付いていないふりをしていたのである。

「ああ、今日もしてくれているんだな……」

萱野さんがそう思っているうちに、眠気が襲ってきて、意識がとぎれた。

いつもなら、そうされているうちに目が冴えてきて、彼女を抱くというパターンなのに。


朝起きると、彼女の姿はなかった。

これも、いつもと違うパターンだった。

「朝、部屋を出るのは一緒に、というのが俺達のルールだったんです。合い鍵はお互いに持っていたんですが、一緒に出かけることを大事にしていたんですよ。でも、その日は違いました。テーブルの上に『先に会社に行くね』と、彼女の字で書き置きがありました」

その文字を見た途端、何故か酷い嫌悪感に見舞われた。

「理由はわかりません。『百年の恋も冷める』という言葉がありますが、まさにこのこと、という感じでした」

慌てて部屋を出た後、これまで行われていた彼女の奇怪な行動が思い出されて、吐き気がしてきた。こんなことは、今までにない。

その日のうちに、別れの電話を掛けると、彼女はあっさりと了承してくれた。

「俺の部屋にあった彼女の持ち物は、全部、段ボールに詰めて送り返しました。彼女の部屋の合い鍵も、そのとき一緒に送りました。その他、思い出の品や、一緒に買ったものなどは、全て棄てました」

ただ、その日以降「あの女がやってくるのではないか」「成長した子を連れてきて、あなたの子だと言うのではないか」「待ち伏せされて、殺されるのではないか」などという妄想に悩まされるようになってしまった。

「それはもう、呪いに掛かったかのように、考えないようにしても妄想が押し寄せてくるんです」

以来、普段の行動も、おかしくなってしまった。

周囲をびくびくと気にするようになったり、突然走りだしたり、訳もなく涙を流したりと、周りの人を途惑わせるような行動が多くなり、人間関係は破綻を余儀なくされてしまう。

会社に居づらくなり、故郷の岩手に戻ったが、そこでも親子関係や友人関係が上手くいかず、仕方なく、山口県に行き、その後四国を転々とした。

「移動する度に、あの女が来るんじゃないかと気が気ではありませんでした」

——似ている女がいるような気がする。

——寝ていると、口に違和感がする。

——変な匂いがする。

——深夜、あの呪文のような、痰の絡んだ声や、さえずり鳴く声がする。

「妄想か、勘違いなのかもしれませんが、とにかく、そんなことに悩まされていました」

菅野さんの苦悩は、九州に入ると段々なりを潜めた。


九州で定職に就いた頃のこと。

二〇一一年、三月十一日。東日本大震災が起こった。

「それまで、両親や地元の友人とは、没交渉だったのですが、流石に心配になって連絡を取ったんです。幸いなことに、両親は無事でした。残念なことになってしまった友人もいましたが、おおむね皆大丈夫で……」

以降、故郷と再び繋がりを持つことができた。

だが、生活基盤は九州のまま。

地元に戻ったら、また何かありそうで怖いという菅野さん。

現状、あの女にはあれ以来再会していないという。

深沼海水浴場

仙台市唯一の海水浴場が、若林区にある深沼海水浴場だ。

二〇一八年に限定的に海水浴を再開、二〇二二年はイベントを行うだけに留めた。


志木さん達は、二〇一七年の春先にここ、深沼海水浴場を訪れている。

観光ではなく、宮城県外から仕事でやって来たとき通りがかったのだ。

メンバーは三十代の女性上司と後輩女子社員、そして彼女の三名だ。

彼女らが乗った車は、何故か深沼海水浴場に立ち寄ることになった。

仕事の打ち合わせで訪れる方角とは少し違うが、どうしても行きたいと上司が言ったからだ。何となく全員納得した。志木さんも同じく、海水浴場へ足を運びたかったのだ。理由は今もよくわからない。

このときのことを後に上司と後輩に語るが、誰もが「どうしても行かないといけないと思った」らしい。


現地は未だ災害の爪痕が残っていた。

荒浜（撮影：久田樹生）
深沼海水浴場のある荒浜。東日本大震災の爪痕が残る。

復興の兆しはあったが、想像するより進んでいない。

防湖堤に登る。そこから望む海は深く碧く、空は目に染むほど青かった。

誰も何も言わないのに、皆が全員手を合わせる。

後輩が固い声を上げ、砂浜を指差した。

遠く離れた波打ち際近くに、三台のオフロードバイクのようなものが止まっており、傍に人が三人いる。

派手な色味のジャンパーで全員男性のようだ。

一言で言えば〈ヤカラ〉風である。

その足下の砂浜に、目を覆わんばかりの汚い意味を持つ、漢字の単語が書かれていた。

こんな場所に、いや、普通なら書かない、モラルのないものだ。その文字の周りを丸く囲むように、記号のような、アルファベットのようなものが並んでいるが、書き方を崩しているせいか判読できない。

男達は志木さん達に気付いた。

彼らは何事かを叫んだ。風や波音で聞き取れなかった。

男達が嗤いながら、ゆっくりこちらへ近付いてくる。

距離が詰まってくると、彼らの顔に何処か剣呑さが漂っていることに気付いた。

志木さん達は、その場から逃げた。後ろから嘲笑するような大声が追いかけてくる。関西訛りに聞こえたが、言葉の意味が判別できなかった。外国語かもしれなかった。

車に飛び乗り、志木さんの運転で海水浴場を後にする。

同乗する全員が泣いていた。あの、沈着冷静な上司も助手席で滂沱の涙を流している。

少なくとも、志木さんは怖かったから泣いたのではない。

ではどんな感情から涙が溢れたのか、自分でも整理が付かなかった。

後部座席から、小さな女性の声が聞こえた。


――くやしい。


後輩の声では決してなかった。

ルームミラーを覗くと、涙で顔をクシャクシャにした後輩がグッと唇を真一文字に結び、じっと正面を睨み付けている。

助手席で上司が男達を非難した。怒気を孕んだ声だった。

こんなに強い言葉を発する上司の姿を見るのは初めてだ。

そこで初めて、自分が悔し泣きしたのだと、自覚できる。

あの場所で、粗暴な輩が礼を失した行動をすることが、とても悔しいのだ。

上司と後輩にそのことを話すと、二人とも同意してくれた。

ただし、この悔しさは、自分の感情と言うには少し違う。

まるで誰か他の人の代弁をしているような、そんな感覚があった。

取引先との打ち合わせに入る前、皆メイクを直し、努めて冷静さを装った。

しかし相手には何となく伝わったようだ。どうしたんですか？　と問われたが、特に答えずに流した。

事前に皆で「何も話さないようにしよう」と決めていたからだった。

帰りの新幹線で、志木さん達は泥のように眠った。

そして、皆同じ夢を見た。

あの深く碧い海と、目に染むほど青い空の夢だ。

起きた三人の顔は、涙で濡れていた。


その後も仙台市の若林区に仕事で何度か訪れた。

毎回あの海水浴場へ立ち寄り、手を合わせるようになった。

志木さんも、上司達もそうすべきだと思ったからだ。

あれ以来、あの〈ヤカラ〉達の姿は見ていない。

ただ、深く碧い海と、目に染むほどの空があるだけだ。

仙台市と山々

仙台市には登山できる山が多数存在する。

伊達政宗公が河岸段丘（川の流路に沿って発達した階段状の地形。河成段丘とも）である仙台の地を選んだ理由の一つだろう。

交通の便の良さ、水源、そして川や山による外敵への対策。

青葉城／仙台城跡を調べて見ると、如何に政宗公が熟考して築城したかわかるはずだ。


さて、その城がある青葉山から西側に、太白山という山がある。

紡錘形の美しい山で「仙台富士」「名取富士」と称される。

太白区の名の由来となった山だろう。ところで太白とはいったい何だろうか。

太白と言えば金星を示す。

太白山の名の由来は〈太白星墜ちて、この山になる〉という説が一つある。

もう一つは〈仙台城から見て、宵の明星たる金星が輝き、没する山であるから〉。

またこの山には伝承が数多く残される。

オトアという女性に纏わる山の誕生伝説、オトア森の伝承。

伐っても伐っても生える独活の大木という森の伝承。

太白山に住む大男伝承。

メッコ（片眼）の神様の伝承。どれも興味深いものばかりだ。

太白山は元々「独活ヶ森」「おどが森」「生出森」と呼ばれていたようだ。

前述の独活も関係しているが、おど、或いは生出の表記が気になる。

おどは仙台市でお父さんの〈おど〉。しかし古語からの変化の予想もできる。

生出は生まれ出でること、生み出すことを指す。では、何を生み出す山なのか。

太白山は火山岩頸であるという。火山岩頸とは〈火道を満たしていた溶岩や火砕岩が浸食から取り残されて塔状に突出した地形〉だと言う。

まさに地上に生まれ出る山だ。加えて火山と言えば地下水源である。水もまた地下より湧いてくるものだ。これらが地名の成り立ちに関係している可能性もある。

そうそう。太白山は形から「ピラミッドだ」という噂もある。

上空にはＵＡＰ（未確認空中現象）、所謂ＵＦＯもやってくる、とか。

もしや、昔日に落ちた太白星、輝く宵の明星の正体とは――。

太白区

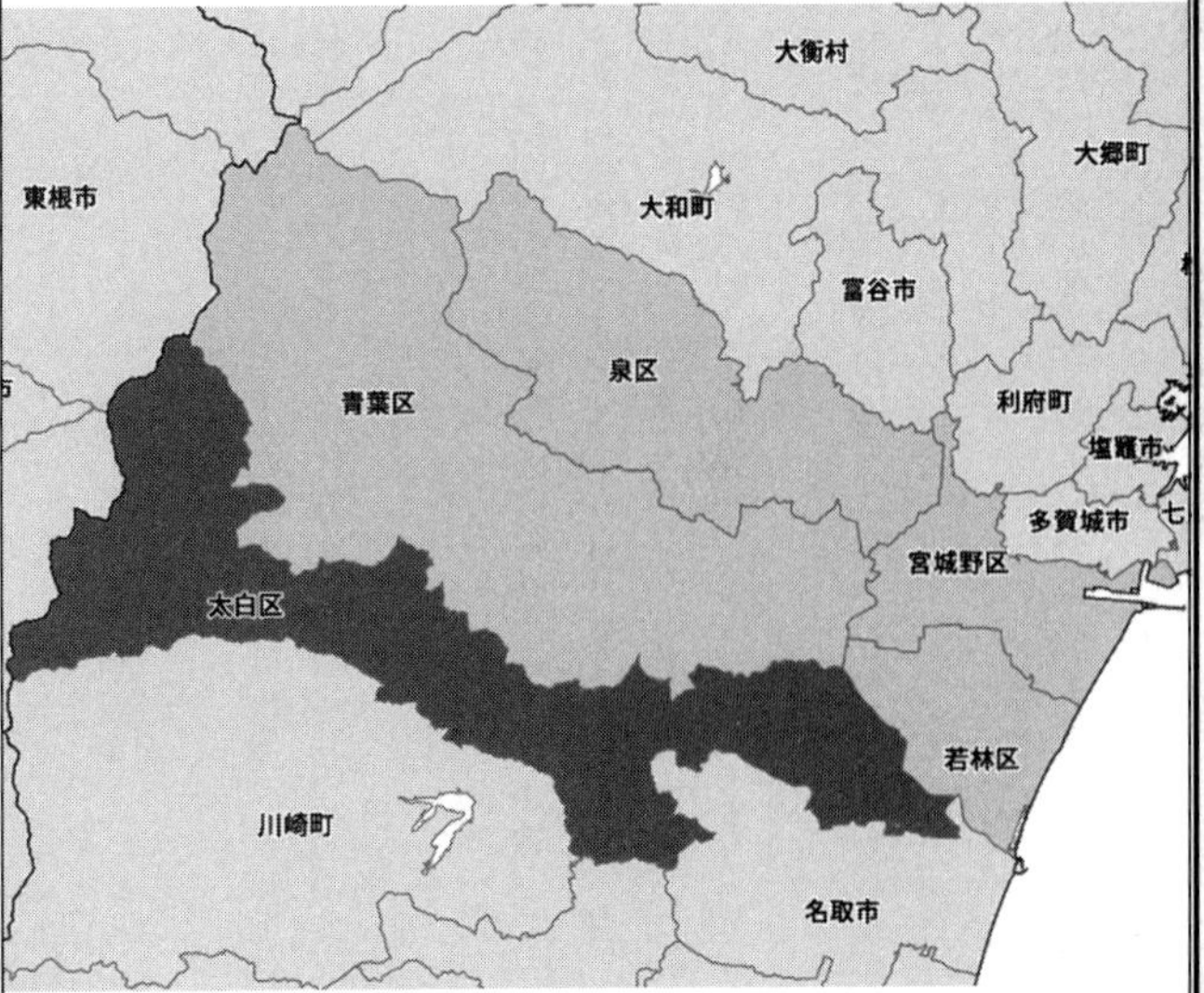

みいちゃん

自殺の名所で有名な八木山橋のある八木山は標高百メートル前後の丘陵地帯。大正時代に地元の商人である八木久兵衛氏が所有したことから八木山と名前が付いた。以前の名は越路山である。

八木氏は戦前から住宅地の開発と販売を行ったので、八木山には古い住宅地が数多い。皆、生まれ故郷を離れ、新たな土地を求めた人々だ。そのせいか住人同士の繋がりは強い。そんな八木山橋の南側、太白区の住宅地の中で地域猫活動の活発なところがある。元々は猫好きな住人達が野良猫達に餌を与えていたのだが、猫が増えて苦情が出るようになった。

そこで特に猫好きの三人の主婦が話し合い、地域猫活動を行うことにした。これ以上増えて人に迷惑を掛けないようにと野良猫を去勢し、去勢した猫の耳をV字にカットする。市の助成金があるとはいえ、なかなかできることではない。

この三人が特に可愛がっていた猫がいた。三毛の雌猫で名前はみいちゃん。推定年齢は三歳だが、成猫にしては小柄で、パッと見は子猫のようで愛らしい。首には三人以外の誰が付けた大きな鈴が付いていた。

実を言えば三人ともみいちゃんを家猫として迎えたいと思っていた。しかし抜け駆けが許されない雰囲気で誰も言い出せない。

三人が縁側に並んで〝お茶っこのみ〟をしていると、みいちゃんはよく現れる。そして誰かの膝でのんびりとくつろぐ。最初の頃は膝の上で過ごす時間はまちまちだった。

しかし三人が「私の膝に長くいるってことは私が一番好きなのかも」「たまたまでしょ」「この間は私のほうが長かったわよ」と冗談交じりに争っているうちに、みいちゃんは同じ時間だけ順番に三人の膝の上で過ごすようになった。みいちゃんは可愛い上に賢く、気遣いができる猫なのだ。

そんなみいちゃんを三人はますます可愛がった。


夏は外で過ごすみいちゃんだが、寒い冬は家の中で過ごすことが多くなる。それは他の猫も同様で、中には冬の間だけ家猫になる猫もいた。

ただみいちゃんだけは誰か一人の家に居続けることはない。きちんと順番に三人の家で過ごす。

大きな鈴を鳴らしながらやってくると、一晩だけ過ごし、また鈴を鳴らしながら次の家に移動する。

三人はみいちゃんの鈴の音だけは聞き逃さなかった。

ある冬の日。みいちゃんが交通事故で死んだ。見つけたのは近所の人で、あまりにもむごたらしい遺体を見て、三人がショックを受けないようにと首輪と鈴だけ残して処分した。

それを知った三人の悲しみは相当なもので、泣きすぎて息ができなくなる者もいた。

そしてその夜、それぞれの家で鈴の音が聞こえた。その音は玄関の前で一旦止まると、遠ざかっていく。

一人が猫を追って外に出ると、他の二人も外に出ていた。

「お礼に来たんだ」と三人でまた泣いた。

「でも最初に来たのは誰のところだろう」と一人が言い出し、時間をすりわせるとほぼ同時刻。みいちゃんは最後まで気遣いのできる猫だった。

肝試し

仙台は「学都仙台」と称するほど学生が多い。

大学だけでも十校、専門学校を含めると七十校近い。

自殺の名所の八木山橋周辺にも大学が三つあることから、学生専用のようになっているアパートさえある。


約四十年前、大学生だった大木君も八木山橋から徒歩二十分のアパートに住んでいた。

男子大学生ばかりが住んでいるせいか、一つの部屋に集まってはよく酒を飲んだ。

ある夏の日の深夜。いつものように酒盛りをしていると怪談話が始まった。

各々の小学校に伝わる怪談話で盛り上がっていくうちに「怪談と言えばやっぱり八木山橋でしょ」となるのは当然の流れ。そして一人が先輩から聞いたという怪談話を披露すると「馬鹿馬鹿しい」と佐々木君が笑い飛ばす。

「俺はバイト帰りにバイクで何度も八木山橋を渡っているが見たことがない。だいたい怖いと思うから見るんだ」と馬鹿にしたように言うので、酔いも手伝って八木山橋は本当に出る出ないで口論になった。

「だったら試せばいい」と言い出したのは誰だったかは覚えていない。ただ、佐々木君がルールを決めたことは確かだった。

最初の一人が佐々木君の原付きバイクを押して八木山橋を渡りきったら、バイクのライトとクラクションで合図をする。そしてまた次の一人が渡る。

「絶対に幽霊が出るって言うんなら、ここにいる全員が渡るうちに誰かが見るだろう」と佐々木君は笑う。

大木君は気が進まなかったが、皆が行こうと言うので従うことにした。

外に出ると辺りは霧に覆われていて、「ムード満点だな」と誰かがいう。バイクの持ち主の佐々木君は酔っぱらってまともにバイクを押せない状態なので大木君が押すことになった。

霧はどんどん濃くなり前がよく見えない。仕方がないのでエンジンを掛け、ライトの灯りを頼りに前に進む。

初めのうちは騒いでいたものの、八木山橋に着く頃には皆、無言になっていた。

八木山橋に着くとジャンケンで負けた室田君が最初に渡ることになった。

ライトの灯りがどんどん遠ざかり、やがてクラクションが鳴る。

ジャンケンで次を決めようとすると佐々木君がさっさと歩きだした。ところがいつまで経ってもクラクションが鳴らない。

しばらくすると「何で次が来ないんだよ！」と室田君がバイクを押しながら戻ってきた。泥酔状態の佐々木君のことだ。橋の何処かで眠り込んだのかもしれない。しかし幾ら捜しても佐々木君は見つからない。

警察を呼ぼうかと思ったが、悪ふざけで何処かに隠れている可能性もある。とりあえずアパートに戻って様子を見ることにした。

すると佐々木君がアパートの部屋にいた。泥酔状態で更に酒を飲んでいる。

いつの間に戻ったのかと訊けば「何言ってんだ。いないってわかってるんだから行くだけ無駄。だから酒を飲んで待っていると言ったろ」と言ってて寝てしまった。

「佐々木はずっと一緒だったよな」と室田君が言うと、全員が頷く。

盛大にいびきをかいて眠る佐々木君を見ながら、大木君は思った。八木山橋に幽霊はいないかもしれないが、怪異は確実にあると。

空襲

仙台空襲とは太平洋戦争末期の昭和二十年七月十日にアメリカ軍によって行われた空襲である。この空襲によって仙台の中心部は焼け野原になった。

七月中に仙台市役所の防衛課がまとめた調査報告によると、被災戸数は一万一九三三戸、被災人口は五万七三二一人、死者は九八七人、重傷者は二六〇人、軽症者は一四二三人、行方不明者は五〇人。

仙台市の中心部が燃えている様子は二十キロ離れたところからも見えたという。

あまり知られていない話だが七月五日にも小さな空襲があった。二機のＢ29が仙台市中心部から離れた芦の口に三個の爆弾を投下したのだ。

これは日本軍の上層部の妻と娘が疎開していたので狙われたのだという噂がある。

そして狙い通りに妻は亡くなり、娘は顔に酷い火傷を負ったらしい。

終戦後、娘は東京に戻らなかった。年頃の娘だったので、焼け爛れた顔を東京の友人達に見られたくなかったのかもしれない。

娘は人目を避けるようにひっそりと生活し、若くして亡くなった。

病死とも自殺とも言われている。

それから間もなく、雨の日になると娘の幽霊が出るとの噂が広がった。

どうして雨の日なのかはわからないが、自分の家があった辺りにうつむいて立っているそうだ。

そのぐずぐずにただれた顔を見ると「戦争はやっぱり恐ろしい」と思わずにはいられないという。

秋保大滝

心霊スポットと言われる滝は多い。仙台駅から車で四十分のところにある秋保大滝もその一つだ。

幅六メートル、落差五十五メートルのほぼ垂直に落下する大きな滝で、国の名勝に指定されており、華厳の滝、那智の滝に並ぶ日本三名瀑の一つとも言われている。

近くには東北三十六不動霊場二十九番札所、みちのく巡礼第二十六番札所の秋保大滝不動尊があり、ここでお詣りをしてから滝に向かう人が多い。

アマチュアカメラマンの北村さんは四季折々の秋保大滝を撮ることをライフワークとしていた。

毎週のように秋保大滝の行く北村さんに「同じような写真ばかり撮って楽しい？」と馬鹿にする人もいるが「同じ写真なんて一枚もない。むしろ同じ場所を撮ることによってその違いがわかる」と北村さんは熱弁する。

実を言うと秋保大滝に行く楽しみは写真だけではなかった。

滝壺までの遊歩道はなかなか険しく、幅が狭いので並んで歩くことは難しい。北村さんは遊歩道を歩いている最中に前後を歩く観光客の「疲れたあ」「あとどのくらい歩くの？」などの愚痴を聞くのも密かな楽しみだったのだ。


比較的観光客が少なくない冬の平日。

滝壺からの帰り道、後ろのほうから親子の声が聞こえてきた。

「運転に気を付けてね」と男の子の声。「わかった。わかった」と父親の声。父親が信用できないのか、男の子は「運転に気を付けてね」と何度も繰り返す。

男の子の必死な様子がおかしくて、北村さんは声を殺して笑った。

すると「だってもう死にたくないんだもん！」と男の子。

驚いて振り返ると後ろには誰もいなかった。


いつの間にか辺りは暗くなっている。

後ろどころか前にも人はいない。

北村さんは走って逃げた。


翌週は滝壺に行く前にお祓いをしようと秋保大滝不動尊に行くことにした。すると境内にある絵馬の一つが目に入った。

そこにはたどたどしい文字で「ぶじにいえにかえりたいです」という一言が。

北村さんは秋保大滝に行くことをやめた。

秋保大滝不動尊（写真 AC）
秋保大滝の入り口に座す。不動明王を本尊とする真言宗智山派の寺で、正式名は滝本山西光寺。東北三十六不動霊場二十九番札所になっている。

落下する人

仙台市街地の近くに青葉区から太白区にまたがる「竜の口」という三キロにも及ぶ大渓谷がある。見事な地層に囲まれた渓谷からは多くの化石を見つけることができるので、昔は学校の校外学習の場として使われていた。

緑が多い急な斜面、倒木、流れる川に時々現れる滝。歩くのはハードだが見ごたえは十分で、トレッキングはもちろん近所に住む子供達の冒険の場にもなっていたという。

しかし現在は落石の危険があるために一般の人が入ることはできない。数か所あった入り口も塞がれている。

実はこの渓谷。八木山橋の七十メートル下にある。八木山橋は自殺の名所として全国的に有名だが、この渓谷はそれほどでもない。

今は五十代の大沢さんは地元の大学卒業後、今で言うブラック企業に就職した。

上司はターゲットを決めると徹底的にいびるタイプで、真面目で気の弱い大沢さんがそのターゲットになることが多かった。上司の気分で変わる指示に右往左往し、ほんの少しのミスでも一時間近く叱責される。疲れ果てて帰宅しても、眠ることができない。

大沢さんはとうとう自殺を考えるようになった。

自殺といえば八木山橋である。幸か不幸か太白区の大沢さんの自宅から歩いて三十分も掛からない。

ゴールデンウィーク明けの前日、大沢さんは八木山橋に行き、橋から下を見下ろした。

ここから飛び降りれば楽になると思うより先に「緑が綺麗だ」と大沢さんは何故か思った。そして小学校の頃、下にある竜の口渓谷で遊んだ日々を思い出す。

滑り降りるように斜面を下り、水しぶきを上げて川に入る。亜炭をひっくり返したり、化石を見つけたり。泥だらけになって帰っては母親に怒られたものだ。

次の休日。大沢さんは竜の口渓谷に下りた。子供の頃のように滑り降りるのはもう無理で、木にしがみつきながら一歩一歩斜面を下りる。頭の中は次の一歩を何処に置くかで他には何も考えられない。

下から八木山橋を見上げると「あんなところから飛び降りる勇気があるなら何でもできる」と思い、子供のときのように泥だらけになって帰宅すると、久しぶりに深い眠りに就いた。

それから時々、竜の口渓谷に下りるようになった。歩き方も上手くなり、服を汚すこともなくなった。適当な石に腰を掛け、壮大な地層を見ながらおにぎりをほおばる。そうすると嫌なこともなくなるような気がしてくる。

しかしなくなるような気がするだけでなくなる訳ではない。

ある夏の日、大沢さんは仕事で大きなミスをした。正確には上司にミスを押し付けられたのだが、上司が怖くてかばう同僚はいない。上司から人格を徹底的に否定する叱責を長時間受けた大沢さんは何もかもが嫌になった。

そして次の日、会社を無断欠勤して竜の口渓谷に下りた。

いつものように八木山橋を見上げる。

「今なら飛べるかもしれない」

そうやってボンヤリと橋を見ていると落下する人影が見えた。

すぐに警察に連絡をしようとしたが、ふと不安になった。人影は確かに見えた。だがタイミングが良すぎる。あの人影はひょっとして自分の願望ではないのか。

実際、落ちた辺りをどんなに捜しても人の姿はなかった。大沢さんはそのまま家に帰ることにした。

翌日、上司の叱責を覚悟して大沢さんが出社すると、意外にも上司は無言だった。近付いてきた同僚が「自殺したのではとちょっとした騒ぎになったんだよ」と小声で言う。これで少しは収まるかと思ったが甘かった。上司はしばらくすると今まで以上に絡んでくるようになったのだ。

それからというもの、大沢さんは竜の口渓谷に下りる度に落下する人影を見るようになった。

ここまでくると願望というよりも誘っているのかもしれない。それともあれが八木山橋の幽霊なのだろうか。

いずれにしてもいつかは自分も飛び降りるに違いない。

その日はいつがいいだろう。

……冬。そう、冬がいい。それも雪の日だ。雪の下で誰にも見つからずに朽ち果てていく。中途半端な状態で見つかるのは絶対に嫌だ。

大沢さんは雪が降る日を心待ちにした。その日に全てが終わると思うと、上司のどんなに理不尽な叱責にも耐えることができた。

そして冬が近付いたある日、落下する人影に続いてドスンと言う大きな音がした。

今度は本当に人が落ちたのかと捜してみると、大きな狸が死んでいる。

……狸か。

大沢さんは何だかおかしくなった。
馬鹿馬鹿しい。全てが馬鹿馬鹿しい。

それから大沢さんは落下する人を見ることがなくなった。

結局、あれが何だったのかはわからない。
大沢さんは仕事を辞め、竜の口渓谷に行くこともなくなったからだ。

ひせん

曽山さんは、偶に東北を訪れる。
彼自身の仕事であったり、知人に誘われたりと理由は様々だ。
一年に数回、不思議と東北へ行かなくてはならなくなる。
若かりし頃、大久保という男に仕事で連れられてきて以来、縁が結ばれたように思う。
ただし、東北に入ると何かと不可思議なことに遭遇した。
同行した知人も巻き込んだこともあり、勘違いではないことは明白だった。
今回は、曽山さんの体験の一部をここに記したい。
――そう。宮城県仙台市内での話である。

曽山さんが若い頃だ。
大久保に連れられ東北へやって来た。
大久保の仕事は物の買い付けだ。
書画や陶器などの骨董以外にも、古書や比較的新しめのレアグッズなども買い叩く。
大久保曰く「中央より地方のほうが価値あるものが眠っている」らしい。

確かに言われた通りだったように記憶している。茶碗の名品や掛け軸、刀剣類は言うに及ばず、未開封や箱付きの古い玩具がゴロゴロ出てきた。もちろん各アイテムに対する知識はないので、それが本当に価値あるものかと言われれば自信がない。が、テレビの鑑定番組で話題になりそうな品々だったとは言えた。

そんな品を大久保は口八丁手八丁で買い叩く。相手はよくわからないのか「邪魔な古い物をわざわざ金をくれた上で処分してくれる」と喜んだ。当然、鑑定番組の影響で売り渋る人間もいたが、そんなとき大久保はさっと商談を切り上げる。その素っ気ない態度に、相手は焦る。そこにつけ込み、相場より安く手放させてしまうのだ。全部が全部上手くいく訳がないが、何割かは成功していた。

大久保のワゴンで山形県側から宮城県側へ入り、仙台市へ入った。

記憶が定かならば、太白区という地域だったはずだ。

よく晴れた日だったことを覚えている。

大久保はある家を訪ねた。

儲けている地方の農家が建てたような、大きく新しい家だった。

生垣や塀はないので、周囲から丸見えである。

農道から直接入った庭には高級車が数台並び、二階建ての家は横方向へ大きい。玄関の化粧柱というのか、その柱がかなり太かった。

何処からどう見ても、邸宅と呼ぶにふさわしい造りだった。

大久保が玄関のチャイムを鳴らすと、大きな足音が中で響いた。

立派な引き戸の磨りガラスの向こうに人影が差し、ややあって戸が開いた。

アクの強そうな中年男が顔を覗かせた。

色黒で、蟹のような顔面をしている。短躯で腹が突き出ているが、首と腕は太かった。

いかにも高級そうな腕時計をひけらかすように着けている。

不必要なほど広い玄関の内側で、男は大久保と何やら話し込んでいる。

手持ち無沙汰になった曽山さんは、車の助手席へ戻った。

スマートフォンをチェックしていると、何か視線を感じる。

外を見るが、何もいない。何だ勘違いかと液晶画面へ視線を落とした。

短時間で画面が消灯モードになっている。

サイドボタンを押し、掛かってしまったロックを解除した。

と、ほぼ同時に左側の窓の外から誰かが覗き込んだ。

大久保かと顔を向けるが、いない。彼は開け放した玄関の向こうで、あの中年男とまだ会話している。

何か変だなと車を降り、何げなく邸宅の二階を見上げた。

大きく切られた窓から、上品そうな老婦人の上半身が見えた。

洋装の彼女は微笑みながらこちらを見下ろしている。外見的に、大久保と話している中年男の母親だろうか。しかし似ていない。卵のような輪郭に穏やかな皺が刻まれた、柔和な表情だ。もしかすると奥さんのお母さん——義母なのだろうかと想像した。

長い白髪を後ろで束ねているようだ。しかし身に着けている服が少々若い。ダークカラーのトップスはスクエアの襟になっており、胸元に赤や黄色の絵の具をチラしたような模様が入っている。とはいえ距離があるから本当にそんなデザインだと言い切れない。見間違えの可能性もある。

婦人は笑顔のまま、すっ、と奥へ引っ込んだ。視線はずっとこちらから外さなかった。

ふと、人様の家の中、そしてその住人をじっと見るのは不躾な行為だったのではないか、と思い当たる。バツが悪いまま再び車へ戻りかけると、大久保がやってきた。その手には紫の布に包まれた小ぶりの箱が二つぶら提げられていた。

どちらも茶碗だと彼は笑っている。

「骨董品だが、かなりサービスしてもらった」

一つは、この家を建て替えるときに潰した倉庫から出てきたもので、骨董屋に見てもらったら近年の作だからそこまで値は高くない、と言われたもののようだ。こういうものは目利きできないマニアに売りつけて商売にする。

もう一つは建て替える前の家の屋根裏から出てきたものだ。

「真作で価値がある茶碗だが、共箱がないことを指摘して、安くさせた」と言う。

共箱とは作品を収める箱で、作者が署名捺印をしているものだ。

骨董だと中身とセットで価値が出るパターンがある。今回のようなケースは「中身は価値があるが、共箱が新しく作られたものなので価値が落ちた」訳だ。だから安くしろと交渉ができたのである。

こう言った骨董商売に於いて、大久保は実に頭が回るタイプだった。


邸宅の後、あと一ヶ所周り、仙台市の中心部に向かう途中のことだ。

あの邸宅の話になった。

「蟹のような顔の中年はバツイチで、最近若い嫁を金をちらつかせて貰い直した」

男は大久保の人脈の一人であるが、人間の機微に疎いタイプであり、離婚原因もモラハラや暴力だった。多額の慰謝料を取られたが、子供がいないので養育費はゼロらしい。

新しい妻は若い分浪費癖があるので、今教育中だと自慢していたようだ。

ふと思い出して、じゃあ、一緒に住んでいるのは誰ですか、中年男性の母親ですか？　それともお嫁さんのお母さんですか？　と話を振れば、大久保は疑問の声を上げた。

「あそこの家、アイツと若い嫁の二人だけだぞ」

じゃあ、あの二階から見下ろしていたのは誰ですかと問うが、答えはない。

まさか、と厭な妄想が頭をよぎる。しかし気持ちが悪いので否定したい。

もしかしたら近所の人ですかねと取り繕うが、生返事しか返ってこなかった。

それから大久保の口数は極端に減った。何を語りかけても何処か上の空だった。

その後、ユーズド商品を扱う店や、古書店を数軒巡って、価値のありそうなものを買い漁ったが、その合間も、大久保はあまり口を開かなかった。


すでに真っ暗になり、車通りも途絶えた頃だ。

郊外の住宅地らしき場所を走っていると、突然車が停まった。

大久保は素早く飛び降り、後部ハッチを開け、何かを取り出す。そのまま小走りで傍にあった家の門へ向かって歩いていった。

門に辿り着くと辺りを見回し、塀の内側へ入って短時間で戻ってくる。手には何も持っていなかった。

どうしたのか訊く。

「今日の茶碗を、真作のほうを棄ててきた」

そう答えながら、彼は車を発進させた。何かに怯えるような急発進だった。

少し離れた頃、理由を教えてくれる。

「手放さないといけない代物だったことを思い出したから」

大久保の数え年と今年の干支、そして方角や諸々から考えると、自分の運気を喰らいつくす骨董だから棄てた。あの家の住民が拾って使ったり売ったりしてくれたら、その障りはそちらへ移るから、助かる。――そんな迷信めいたことを真顔で話す。

こんな嘘のような理由を口にしたりすることはこれまでなかった。例えそれらしきことを口の端にのせるときは、必ず冗談であった。

嘘でしょう？　と訊き返したが、彼は本気のようだ。

「あそこの家なら、茶碗を棄てる条件に一致したんだよ」

ああ、これで肩の荷が下りた、と大久保は笑い声を上げた。

後で荷物を確かめたが、本当にあの真作だけがなくなっていた。

ただそれだけの話だが、今もよく覚えているエピソードだ。

◆

ほんの数年前、秋の頃だ。

曽山さんは同僚と仕事の関係で東北を訪れた。

山形県からレンタカーで宮城県側へ入る。太白区辺りで、ふとあの頃のことを思い出した。周りの景色に見覚えはないが、何となく懐かしかった。

休憩でコンビニに停まった。同僚は煙草を吸いに行ったので、先にトイレへ入った。出てくると同僚の姿がない。入れ違ったのだろうと、買ったドリンクを手に運転席へ乗り込もうとした。そのとき、後ろから声を掛けられた。

「久しぶりだ、少し見ねぇ間さ立派になって」

方言の声は女性だったが、年齢を重ねた響きがあった。

振り返ると、グレイヘアでショートカットの上品な老婦人が微笑んで立っている。

パンツスタイルのスーツは、どことなく上流階級な雰囲気があった。

「久しぶりだ、少し見ねぇ間さ立派になって」

そんなことを言われても、相手に見覚えがない。東北によく来るからある程度知人も増えたが、このような婦人と顔見知りの記憶がなかった。

どちら様でしたかと正直に訊ねる。

「いやだなあ。ほら、おら、おら」

外見に似合わない言葉に、正直面食らってしまう。

何となく仙台当たりの訛りではない感じがした。

人違いじゃありませんかと返せば、婦人はすっと近付いてきた。

ドリンクを握っていない右手を取ると、掌を開かせる。突然のことに途惑ってしまい、なすがままに従ってしまった。

婦人は自身の右手人差し指で、曽山さんの右掌に文字を書いた。

「いとへんにぃ、あらず、ってぇ……」

彼女は口に出しながら、指を動かす。漢字二文字になった。

緋。そして閃。

「あと、ほら、いやしい……」

再び、掌に文字が書かれた。

今度は、卑。千。

「ひせん。ひせん」

婦人は二度、ひせん、と口に出す。

続いて、こちらの右手に小さなのど飴の包みと折りたたんだ紙を握らせると、そのまま近くに停まっていた車の後部座席に乗り込んで、立ち去っていく。

運転手付きの国産高級車で、ナンバーは福島県白河市のものだった。

唖然と見送るしかなかった。

ボンヤリしていると同僚が戻ってくる。が、それは予想に反した方向からだ。

コンビニの裏手からで、それももう一人誰かを伴ってやってくる。同僚と同年代の、爽やかな顔の男性だった。服は厚手のジャンパーにジーンズだ。

同僚曰く「煙草を吸っていたら、曽山さんが出てきた。でもこちらに気付かない。変だなと思っていたら、停まったバイクの男から声を掛けられた。高校の頃、宮城県へ引っ越した友人で驚いた。二人偶然に喜んで話していたが、曽山さんが車の傍でボンヤリ立ったまま動かない。ああ、これは待っているのだと思って、この友人と今、連絡先を交換しつつ、こちらへ来た」。

そんなことはない。確かにバイクは一台あった。しかし、灰皿スペースに同僚はいなかった。それに、同僚とその友人が話す姿も全く目にしていない。それどころか、二人は裏手から歩いてきた。話に食い違いが多すぎる。

同僚とその友人は不思議そうなものを見る顔で、こちらを見つめてきた。

宿泊で仙台へ向かう道すがら、同僚とコンビニでの出来事を話した。

老婦人のことも、見えなかった同僚とその友人のことも、結局答えは出なかった。

話の流れで若い頃の、大久保の話もしてみた。

「変な話だなぁ。しかしその、茶碗を棄てた家、気になる」

何処の道を通ったか、これから探せないかと同僚は笑いながら提案してきたが、当時、ワゴンを運転していたのは大久保である。運転をしないと地理状況は理解しづらくなるものだ。だから、よくわからないと正直に謝った。

同僚は残念だと冗談めかして、そこで話は終わった。

◆

緋閃。卑千。ひせん。その言葉も、老婦人の正体も不明だ。

白河市のナンバーも控えておけば良かったかもしれないが、ただ「何処のナンバーだ」と言う部分にしか注視していなかったため覚えていない。数字の九は入っていたかも、程度は覚えているが、それだけだ。

読み取れる情報がないか、残されたものを精査する。

まず、のど飴だ。檸檬味で、何処にでもあるものだった。

折りたたんだ紙はレシートで、裏側に鉛筆文字が書かれていた。

『ごりっぱになって　みっかあわざれば　なんとやらともうしますが　ごりっぱになってせつはうれしい　うれしい』

綺麗な文字ではなく、どちらかと言えば小学校低学年の文字に近い。それか、識字能力があまりない人間が鉛筆を取ればこんな感じになるだろうか。

文脈から言えば〈御立派になって。三日会わざれば何とやらと申しますが。御立派になって。せつは嬉しい〉だろう。

せつ、は名前だろうか。拙、かもしれない。

同僚にも見せたが、彼は婦人を目にしていないのだから、それすら仕込みだと思ったようで歯痒い思いをした。

その後も証拠の品だと大事にしていたが、飴もレシートの手紙も、知らないうちになくなっていたのが今も解せない。

銀行の封筒に入れ、自宅の通帳などを収めるスペースに収めていたのにも拘らず、中身だけが消失していたのだ。

ただし、飴とレシートの所在が確認できていた間、曽山さんの携帯には謎の電話が延々と掛かってきた。非通知か見知らぬ番号だった。一日に五回以上のこともあれば、三日に一度ということもある。番号は携帯のもので、数種類確認できたが、ネットで調べて見ても迷惑電話には引っかからなかった。

一か八かと全ての番号に掛け直してみると、どれもすぐに切られてしまう。

時々僅かな時間繋がったままになるが、その際耳を澄ませば、何らかの生活音か息づかいが聞こえた。が、ただそれだけだ。

息づかいは、男性か女性、どちらもあった、と思う。

どうしようもないので着信拒否しておいた。新しい番号で掛かってくる度同じことを行ったのは、言うまでもない。

飴とレシートがなくなってからは、非通知も知らない番号からも掛かってくることがほぼなくなった。


因みに、大久保と訪れた邸宅の老婦人と、コンビニの老婦人は似ていない。

彼自身も「もしかしたら」と考えてみたらしい。しかし似ても似つかない同士、どうやっても関連付けられないでしょう、と彼は言い切る。

了解し、訊き忘れたことを確認しているときだった。

同僚の人はひせんの老婦人とその車を見ていたのか、と訊ねた。

同僚は婦人と車を見ていなかった。

当然だ。曽山さんがレンタカーの横で立っている姿しか認識していなかったのだから。

彼自身は、すでに話したと思っていたらしいが、こちらのメモに残っていなかった。

曽山さんは今も東北へ足を運ぶ。

何かの折、ひせんの謎が解けるのではないかと思いながら。

太白山

仙台市太白区に、太白山という名の山がある。

別名・仙台富士、或いは名取富士と呼ぶ。

円錐型の美しい姿は、まさに富士の名にふさわしい。

太白山は登山を楽しむことも可能であるが、現在は路面状況から登ることを禁止されている（二〇二二年時）。

が、モラルのない登山客が強行突破して登っているらしい。


本州西からやって来た千倉さんも、最初は無理矢理太白山へ登るつもりだった。

ネットでのみ繋がっている登山仲間から『大丈夫、大丈夫。登れる登れる』と助言されたのだ。

季節は春で、良い気候だった。登山向きのタイミングだ。

期待に胸を膨らませ、登山口へ向かう途中だった。

走行中、レンタカーのエンジンが突然停まった。

パニックになりながらも惰性を利用し、路肩へ寄せた。

何をしてもうんともすんとも言わない。

ハザードを焚くと、右後ろから何台も車が追い抜いていった。

トラブルの原因がわからない。エンジンルールをチェックするため、ドアに手を掛けた。ルームミラー、ドアミラーを確認してから降りる。

ドアを閉じた途端、衝撃が全身を襲った。

一瞬で、目の前が暗転した。


——気が付くと路上で天を仰いでいる。

身体の左側に激痛が走り、起き上がれない。

どういうことか理解できず、記憶を探る。

レンタカーの故障。そのチェックをしようと、道路へ。ああ、そのとき車か何かに追突されたのか。もしかしたらロードサイクルのような自転車にぶつけられたかもしれない。

どちらにせよ、助けを呼ぶしかない。だが、連絡しようにも身体が自由にならなかった。

春とはいえ、午前中の北国はやはり風が冷たい。硬いアスファルトも冷えている。

何故か車は一台も通らない。このままだと二次災害が起きかねないだろう。何とか起き上がれないか、大声を上げたり、全身に力を込めたりした。

何度目かの大声の後、急に身体が自由になる。

激痛に耐えながら起き上がると、遠くからトラックが近付いているのが目に入った。這々の体でレンタカーの前方へ転がり込む。大きなクラクションを鳴らしながら、トラックは通り過ぎていった。

ほっと胸を撫で下ろしながら、全身をチェックする。

驚いた。かすり傷一つない。気付くと痛みも消えていた。

いったいどういうことだ、上手く受け身を取っていたのか、しかしあの激しい痛みは何だったのか、そんなことと考えるうち、ふと思い出した。

自衛手段として簡単に取り付けられるドライブレコーダーをレンタカーに持ち込んで付けていた。前後二カメラ型なので、ある程度広い範囲が映る。もし他の自動車や自転車に跳ねられたのなら、何らかの動画が残っているはずだ。

運転席に乗り込んだ。何故かエンジンが掛かりっぱなしだった。倒れているときにエンジン音は聞いた覚えがない。あれだけ車体の傍にいたのにも拘らず、だ。それ以前に、乗り込むまで気付かなかったことも理解できない。

そもそも、エンジンが勝手に停まったからこんなことになったのではないか。

様々な疑問を抱きつつ、レコーダーをチェックする。

再び疑問符が頭に浮かんだ。

外へ出た自分の姿が録画されている。ただし、どうも解せない。

まず後部へ歩いていく姿があり、途中止まると後方へ向けて大きく手を振った。

ただし、通る車もバイクも人もいない。少しして、両腕を下げた。

次に前方へ移動していくのだが、このとき、自分はおかしな動きをしていた。

両手を頭上に挙げ、手首だけを左右に振りながら歩いているのだ。

上半身に微妙に捻りを加えながらなので、まるで盆踊りを思わせる。

レンタカーの前方まで行くとターンした。

こちらを向いた顔は、何故か満面の笑みだった。

慌てて録画の最初の方もチェックしたが、そこは無表情だった。


結局、太白山には登らず、東北を旅して終わった。

自宅へ戻る前、ネットの登山仲間に連絡してみたが、数名を除いて返答はなかった。

秋が来る前だったか。連絡が来なくなったネットの登山仲間のSNSが、軒並み更新が途絶えるか、消えた。

辛うじて連絡が途絶えなかった仲間からこんな噂を聞いた。

『更新止めたり、消した連中、もう山に登れなくなったみたいだよ』

事故などで大怪我を負ったせいだとその人は言う。

中には突発的な事故死でSNSを消す暇もなかった人物もいた、と聞いた。本当がどうかは知らない。真相を追う気はなかった。

千倉さんは山登りを止めていない。

ただ、登るときはモラルを大事にし、ルールを守ることを自らに課した。

一連の話を聞かせたリアルの知り合いから、こんな助言を貰ったからだ。

〈山は平地と違う。一説に依れば、神仏、神仙、神獣が住むという。そんな場所に登らせてもらっているのだから、敬意を持って臨むべきだ〉

あのネット登山仲間の消されなかったSNSは、二度と見ていない。

仙台市と食文化

杜の都・仙台市は美味しいものが数多くある。

宮城県そのものが、海の幸、山の幸が豊かだからに違いない。

名物なら、ずんだ餅、笹かまぼこ、はらこ飯、三角定義油揚げ、牛タン（アメリカ軍の余り物を再利用したから名物になった、は正しくない）などがまず挙げられるだろうか。

根付きセリの鍋もあれば、上品な仙台駄菓子も有名だ。そして冷やし中華発祥の地でもある。

どれも味わってみる価値のあるものばかりだと言えよう。

仙台市と食文化と言えば、伊達政宗公の名を思い出す向きもいらっしゃるはずだ。

公は各種名物に関係していたのみならず、実に料理が好き。自ら献立を考え、厨房で腕を振るったという。

それだけにとどまらず城には御塩噌蔵《おえんそぐら》を設え、味噌を造っている。仙台味噌の発祥である。

また、伊達巻きも政宗公ゆかりの献立とも言われる。

伊達巻きと言えば、伊達家の正月には素晴らしい料理が並んだ。若水や餅、精進御前、本膳・三汁十六菜。調べていくと、単なる絢爛豪華とは一線を画すことがわかる。並々ならぬ拘りと粋を感じて、心が躍る献立だ。

政宗公は、海外の最先端料理にも強い興味を抱いた。スペイン海軍提督のバスティアン・ビスカイノに「スペインの人の流儀による料理を持ってきてほしい」と命じたとも言われる。塩と胡椒を使ったローストチキンなどだ。その成果なのか〈鶉《うずら》の羽根盛り〉という料理も生み出された。鶉の治部煮にその頭や羽根を盛り付ける技法だ。海外の影響を感じないでもない。更に仙台藩の料理帳にはサフランの代用として紅花を使ったパエリアのレシピも残っている。実に伊達である。

結論として、政宗公の最先端を尊ぶ気質は、今も仙台市に息づいている。それは公が愛した食、その文化にも残っているのだろう。

最後に政宗公の言葉を書き添えておきたい。

「馳走とは旬の品をさり気なく出し、主人自ら調理して、もてなすことである」

泉区

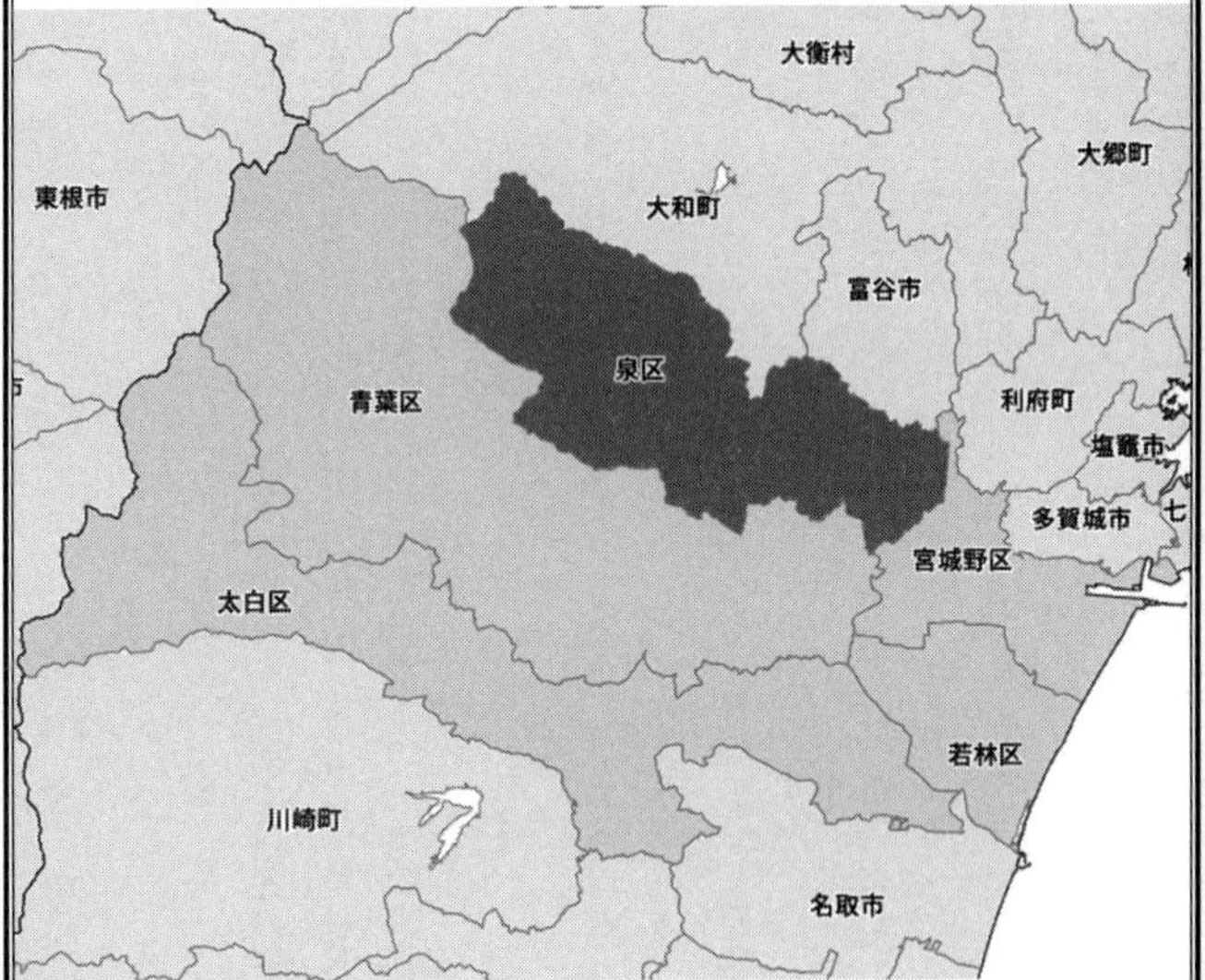

回る人影

仙台でバイパスと言えば、一般的に国道四号線を指す。国道四号線は東京都中央区の日本橋を起点に北関東と東北地方を縦貫する道路で長さは八三八・六キロメートル。実延長で比べると全国最長になっている。因みに四号線上にある仙台の六丁目交差点の車線は合計で二十八あり、こちらも日本一だ。

幼稚園の頃に父親が病気で亡くなり、母親と泉区の狭いアパートで暮らしていた麻衣さんには不思議な体験がある。

それは小学四年生のとき、寝ているところを「コンビニに行くから車に乗って」と母親に起こされるところから始まった。

時計を見ると午前一時を過ぎている。何故こんな時間に一緒にコンビニに行かなければならないのか。

「眠いからいい」と拒むと「一緒に来なさい」と布団から引っ張り出され、パジャマ姿のままで助手席に押し込まれた。

真夏なのに肌寒い夜だった。

「寒い」と言っても母親は無言のままで、麻衣さんを見ようともしない。その横顔は何処か険しく、麻衣さんはそれ以上は何も言わずに助手席に身を沈めた。

行き先は近所のコンビニではないようだった。

四号線に出て、北に走る。二十分ほど走って着いたコンビニは四号線に面しているだけあって、トラックを停められる広い駐車場があった。

母親は駐車場に車を停めると「中で待っていて」と言い、車のキーを挿したままで店舗に入っていった。

母親が車を停めたのは店舗から一番遠い場所だった。店舗の灯りも届かず、街灯も遠いところにある。灯りらしい灯りと言えば四号線を走る車のヘッドライトくらいだ。

駐車場を見渡すと、車は店舗の前に一台と離れたところに停まっているトラックが三台だけ。そのトラックは仮眠のために停めているようだった。

何故こんな暗いところに車を停めたのか。怖くなった麻衣さんは助手席のドアの鍵を掛け、更に身を伸ばして運転席側の鍵も掛けた。

「早く出てきて……」と祈るように店舗の入り口を見ていると、やっと母親が出てきた。しかし車には戻らずにコンビニ脇にある公衆電話を使い始める。

携帯電話はまだ普及してない時代だったが、家にはちゃんと電話がある。なのに何故わざわざ公衆電話を使うのか。麻衣さんは泣きたくなった。


と、フロントガラスの前を人影が横切った。そしてそれは車の周りをぐるぐると回り始める。男のようだが暗くて表情までは見えない。通り過ぎる車のヘッドライトで人影が浮かんでは消え、浮かんでは消えを繰り返す。


幽霊にしても人間にしても中に入ってこられたら大変だ。

助手席と運転席側の鍵は掛けたが、後はどうなっている?


麻衣さんは確かめたくても怖くて身体が動かない。そして人影から目を離すこともできない。

車の周りを回る人影はスピードを増しているようだ。

麻衣さんはフロントガラスを見続けた。

突然、運転席側の窓が叩かれて「開けなさい！」と母親の声がして、目の前の人影がパッと消える。

幽霊だったのだと泣きそうになったが「早く開けて！」との大声に慌ててドアを開ける。車に乗り込んだ母親は鍵を掛けた麻衣さんを責めもせず「和幸さん、やっぱり死んでた」と言うと、運転席に座ってうなだれた。

和幸は父の弟である。

「和おじちゃん、死んだの？」と訊くと、「明日から忙しくなるから早く寝よう」とまた四号線を走りだした。


やっぱりってどういうことだろう。

お盆に会ったばかりの叔父は元気そうだった。事故だとしたら家に電話が入るはずだから、寝ていたとしても気が付かないのはおかしい。

母親に詳しいことを聞きたがったか、運転するその横顔は険しいままだ。聞いたところで答えてはくれないだろう。家に戻った麻衣さんは緊張が解けたせいか、布団に入るとすぐに寝てしまった。

翌朝、居間に行くと、母親はいつものように朝食を作っていた。

「おはよう」と笑顔で言うのもいつも通りだ。

あれは夢だったのだと思いながら洗面所に向かうと、鴨居に掛けられている喪服が目に入った。

思わず「和おじちゃんはやっぱり死んだの？」と訊くと「今日はお通夜があるけど、麻衣はお留守番ね。夕ごはんは用意しておくから大丈夫」とちぐはぐな答えが返ってきた。

麻衣さんはお通夜どころか、葬式にも行けなかった。

死んだ原因も参列できなかった理由も教えてはくれない。

コンビニで見た幽霊は叔父さんだったのかと考えてみたところで謎は深まるばかり。

それから間もなく麻衣さんの母親の再婚が決まり、父親の親戚とは何となく疎遠になった。

だから今でもわからないままだ。

適材適所

今は廃れてしまったが、インターネット掲示板に同好の士が情報を書き込んでいくのが盛んな時代があった。

と言っても2ちゃんねるほど大規模なものではない。マニアだけが書き込むような小さな掲示板だ。

オカルトマニアの純一さんは幽霊情報を集めた掲示板をよく読んでいた。地域別になっているその掲示板は仙台市なら区毎に分かれていて、八木山橋のような有名なところから無名なところまで次々と情報が書き込まれていく。目撃情報が多いほどそのスレッドは長くなるが、その殆どはマニア以外にも有名な心霊スポットなので、マニアとしては面白みがない。

ワクワクするのは全く知らない場所の情報だ。

ある日、純一さんの家から徒歩圏内の泉区のカラオケ店の情報が書き込まれていた。誰もいないはずのカラオケルームからドリンクの注文が入るというありふれたものだが、近所ということもあって余計にワクワクする。

思い返せば確かに不思議な場所だった。

カラオケ店になる前はドラッグストアで、その前はディスカウントストア。理由もなく経営が長く続かない場所はよくあるが、そこもだいたい二年弱のサイクルで次の店舗に変わる。

ただ不思議なのは居抜き物件として貸し出されているにも拘らず、小売業から小売業に変わっても大きな改装があることだった。

カラオケ店になるときは二階を増築し、外観もガラリと変わった。

それはレンガ風の外壁に蜘蛛の巣と亀裂を描き加えたホラーテイストな外観で、個人経営の店だからオーナーの趣味かもしれない。

なのでワクワクしながらも「あんな外見だから変な噂が立つんだ。このスレッドはすぐに流されるな」と純一さんは思った。

ところがそのスレッドの書き込みはどんどん伸びた。

トイレに入っていると大勢の声が聞こえた。しかしトイレから出ると誰もいない。

何を歌おうか迷っていると、入れてないはずの曲が始まった。

カラオケルームのドアを叩く音がしたので開けてみると誰もいない。

などなど、情報が次々と書き込まれていく。

純一さんはオカルトマニアとはいえ、実際に訪ねることはしない。しかしここまで来ると近所ということもあり行ってみたくなる。

ただ純一さんはカラオケが苦手だった。誰かを誘ってまで行く気にはなれない。一人カラオケが一般的な今なら一人の入店も考えただろうが、当時のカラオケはグループで楽しむものだった。

結局、純一さんが迷っている間にカラオケ店は閉店した。

今まで同様、二年も持たなかった。

しばらくそのままだった店舗が解体され、葬祭会館が建てられると、不謹慎な話だが純一さんはまたワクワクした。

いわくつきの場所に葬祭会館。掲示板に情報が書き込まれることを期待しない訳がない。

しかし情報は書き込まれないまま、そしてつぶれることもなく、葬祭会館は二十年目を迎える。

田舎暮らし　白い犬

父方と母方の祖父母、そして自分自身も仙台中心部に住んでいる好子さんにとって、田舎は憧れだった。

小学生の夏休みに「田舎のおじいちゃんの家に行く」という同級生が羨ましかったし、郊外にある緑に囲まれた家を見る度に「こういう家に住みたい」と本気で思った。

それが現実になったのは結婚して八年目の春。一人息子が小学校に上がる頃だった。好子さんの遠い親戚が処分することになった田舎の家を、殆どただ同然で手に入れることができたのである。

好子さん同様に田舎暮らしに憧れていた夫も大喜びだった。田舎といっても同じ仙台市内。職場まで車で四十分も掛からない。

母親は「田舎は近所付き合いが大変」と反対したが、好子さん達の気持ちは変わらず、息子が小学校に上がる少し前に引っ越しをした。

手に入れた家はまさに理想通りだった。

縁側に面した長い廊下、四つある部屋は襖で仕切られているだけなので全ての襖を外すと大広間になる。玄関を開けると土間だったところにリフォームした台所があるのには驚いたが、それも何となく田舎らしくていい。

そして最大の魅力は広大な庭だ。様々な木々が生い茂る庭は季節毎に風景を変える。好子さんはその庭を眺める度に「引っ越して良かった」と心から思うのだった。

母親が心配していた近所付き合いは良くも悪くも余所者扱いで、道で会っても殆ど挨拶はない。しかし息子の通う小学校では余所者扱いされないので、田舎特有の濃い付き合いに振り回されるよりもずっといいと考えるようにした。

近所付き合いはそんな風に割り切ることにしたが、挨拶なしで人の庭に入ってくる事だけはどうしても納得できなかった。

というのは好子さん宅の庭を通って雑木林を抜けるとバス停があり、近所の人は農道を使うと大回りになるので、勝手に庭に入ってバス停に向かうのだ。

最初は何か用があるのかと挨拶をしたが、皆、無言で通り過ぎていく。

そんなことを夫に愚痴ると「前からそうやっていたんだろうから後から来た俺達が注意することじゃない。それにいちいち声を掛けられるほうが面倒だろう」と言う。

確かにそうかもしれない。それからは誰かが通る気配があってもいちいち確認しないようになった。

ただ犬だけは別である。

好子さんは大の犬好きで、いずれは犬を飼う予定でいた。近所では放し飼いをしている家が多く、時々、庭にやってくる。好子さんは犬の姿を見ると庭に出て、少しずつ近付いて様子を見る。そうやっているうちに懐くようになり、好子さんはどの犬が何処で飼われているのかわかるようになった。

しかしどうしてもわからない犬がいる。

この辺の人たちは誰が来てもいいようにと日中は玄関を開けっ放しにする習慣があった。最初は不用心だと思ったが「閉まっているから誰もいないと思った」と至急の回覧板を飛ばされることが続き、在宅のときだけは玄関を開けっ放しにするようにした。

土間にある台所に立つと玄関に背を向ける形になる。台所仕事をしていて犬の気配がするときは振り返って何処の犬か確認するのだが、気配だけの犬が一匹いた。

そして気配だけで見たことがないにも拘らず、大きな白い犬だという確信があった。

ある日、回覧板を持ってきた隣人に「この辺で白い犬を飼っている家はありませんか？」と訊ねると、「この辺りでは白い犬を飼ってはいけないと昔から決まっている！　だから白い犬なんているはずがない!!」と怒ったように言い捨てて帰っていってしまった。次に回覧板を持ってきたときに「何故白い犬を飼ってはいけないのか」と恐る恐る訊いたが「決まりだからだ！」と理由は教えてくれない。

飼ってはいけない気配だけの白い犬。

いつかその姿を確かめたいと好子さんは思った。

田舎暮らし　赤トンボ

好子さんが仙台市泉区の外れに越して四年目の夏。

同じ行動をする赤トンボが毎年やってくることに気が付いた。

そのトンボは盆の入りになると現れる。そして玄関から居間に入り込むとパトロールをするように一周し、点けっぱなしになっているテレビの前で羽を休める。

畳の上でじっとしている様子はまるでテレビを観ているようでおかしかった。三十分ほどするとトンボはまた居間を一周して、今度は縁側から外に出ていく。

五年目の盆の入り。今年も来るだろうかと待っていたら現れて、今までと同じ行動を繰り返して去っていった。


その日の夜。夫婦で晩酌をしながら「毎年、同じトンボが来るの」と話をしたら「トンボがそんなに長生きする訳ないだろう」と笑われた。

言われてみればそうだ。だが全く別のトンボが毎年同じ行動をするものだろうか。

息子が小学六年生の夏、保護犬を引き取ることにした。それは茶色の雑種の子犬だったが、引き取ってからどんどんと白っぽくなってくる。

……白い犬を飼ってはいけない。

それに従った訳ではないが、好子さんは中学校の入学に合わせて引っ越すことを夫に提案した。役職に就いて帰宅時間が遅くなり、四十分の通勤が苦になってきた夫は即座に賛成する。

田舎暮らしの良さも悪さもわかった今、田舎暮らしに未練はない。
ただ毎年やってくる赤トンボのことだけが気掛かりだ。

幽霊屋敷

泉区郊外の住宅地で町内会長を務める山内さんには悩み事があった。

小学校の近くに廃墟となった一軒家があるのだが、それが〝幽霊屋敷〟として噂になり、若い人が見物に来るようになったのだ。

惨殺された一家四人の幽霊が出るということになっているらしいが、実際は一人暮らしだった高齢の女性が遠方に住む息子に引き取られ、空き家になったままで放置されている物件である。

そもそもそんな事件が起きたらニュースになっているはずで、若い人ならお得意のインターネットで簡単に調べられるだろう。

なのに噂が消える気配はなく、見知らぬ若い人が近所をうろつく姿を時々見かける。見に来て写真を撮る程度ならまだいいが、中には入り込む人もいて、そのうちに何か起きるのでは不安になる。

家の持ち主だった女性と連絡を取り「空き家を何とかしてくれ」と頼んだこともあったが「いずれは何とかする」の一点張りで埒が明かない。

そうこうするうちに同居する孫までが、「あそこの家は幽霊屋敷なんでしょ」と言い出した。

否定をすると「だって皆、言ってるよ」と言い返してくる。

子供までが入り込むようになったらと思うと気が気でない。

町内会の会合で話し合い、散歩もかねて、昼と夜にパトロールをすることになった.

パトロール初日。改めて家を見ると、荒らされ方が酷い。

掃き出し窓のカーテンが破られ、その隙間から見える室内もかなり荒らされている。

と、そのとき、家の中を人影が通り過ぎた。きっと肝試しに来た奴に違いない。

出てきたら説教してやろうと待ったが出てこない。

仕方がないので不法侵入者がいると警察に連絡して、家を後にした。


ところが翌日、警察に行くと誰もいなかったという。

見間違いだったのかもしれないと詫びると「いえ。本来ならこちらで対応しなければいけない話です。御協力ありがとうございます」ということで、警察もパトロールするようになった。

しかしパトロールの効果は出なかった。
人影を見るものが次々と現れるようになったからだ。
しかも人影は増えているようで、確実に三体はいるような気がする。
もしかすると噂通りに集まってきているのかもしれない。
だとすれば人影がもう一体加わるはずだ。
山内さんはその考えにぞっとした。

……が、とうとう四体目が現れた。

家は現在、更地になっている。
四体目になれなかった幽霊が持ち主のところに現れるようになったので、取り壊しを決めたという噂もあった。

噂はもういい。
噂は集まると本当になる。
噂は話半分で聞くので十分だ。

六枚の板

「その、仙台から取りに来るとかいう○○さんには、何と言ったら良いのか……というか、その人が本当に実在するのかもわからないですけどね」

困った様子で太田さんは言った。
○○さん、というのは実際にある日本人の名字なのだが、伏せてほしいとの要望なので、ここではこのように書く。

太田満里奈さんの父方の祖父は、愛媛県に住んでいる。

太田さん自身は東京に父母と三人で暮らしていて、盆や正月に家族で祖父宅を訪ねるのが常であった。

そんな祖父は、幾つかの骨董品を持っており、それが自慢で、太田さんも何度か見せてもらったことがある。

現在は二十代前半の太田さんであったが、小学生のとき、中学生のとき、大学生のときと、数年おきに何度か見せてもらった、妙な板があった。

それは、古びた六枚の板。

サイズは、大きめのまな板くらいで、形は揃っている。

素材は杉板じゃないかという話だったが、定かではない。

板を並べていくと、一枚の画になる。並べる順番などは書いていないのだが、絵合わせのようにして繋ぐと、画が完成するようになっているのだ。

「その画は、俯瞰で眺めているような構図なんです。小さな棒人間がたくさんいて、馬に乗った人らしきものや、長い棒を持ったものも書いてありました。その他に、松の木っぽいものとか、家とか……遠くに船みたいなものも浮かんでいたかな」

大名行列とか、教科書で見た『南蛮人渡来図屏風』みたいな雰囲気だという。

「もしかしたら、屏風絵？　なのかもしれません。でも……」

太田さんは言いよどんだ。

「その画、すっごいへたくそなんです」

しかも、画の裏は傷だらけ。古いものかもしれないが、骨董品としての価値は素人目に見てもなさそうだという。

「刃物の傷みたいな。包丁？　か何かの、刃先を突き立てたような、幅三センチくらいの楔形の穴が空いてて、見るからにボロボロなんです。更に劣化したさらしのような布に巻かれていて、長持《ながもち》の中に入れられていました」

祖父が言うには「仙台市の泉区に住んでいた祖父から、父親へ渡されたもの」だという。

確かに太田さんの父方のルーツは宮城県にある。

そして祖父からは「この板を粗末に扱うな。ずっと持っておけ」と言われていた。

「この板は古美術品で、大事な預かりものだ、ということだけは聞いているんです。いつか仙台から○○さんが取りに来る、○○さんはこちらの住所を知っているはず。だから、ウチが預かり続ける。他の親族へ渡すと、○○さんが（取りに来る家が）わからなくなる……祖父はそんな風に言ってました」

そして「○○さんが来て『板絵を返してほしい』と言われたら、すぐに渡すこと」とも言われていた。

しかし、その○○さんという名字の「絵を預けた」人物は、祖父の知り合いにも、父の知り合いにもいないのだ。

「だから、こちらから連絡することは無理なんです。同じ名字の人が、従姉妹のクラスメイトに一人いたんですが、完全に無関係で……。○○って名字は、田中とか佐藤みたいなメジャーなものほどはたくさんいませんが、そこまで特殊な名前でもないので、これ以上は調べようもなかったんです」

六枚の板については、とにかく、変なものを受け継いだものだなぁ、程度の認識であったらしい。

「祖父はその板を『古美術品』だとか言ってましたけど、そんな大げさなものじゃないと思います。へたくそな画だし」

その祖父が、二〇二〇年に亡くなった。

自動的に、父親が骨董や六枚の板を継いだのだが、東京に住んでいるため、倉庫に置きっぱなしになった。

そして、感染症の流行があり、県外への移動が制限されたこともあって、仕方のないことではあるが、なかなか愛媛の父親の実家に行かれない期間があった。

二〇二二年の初旬になって、漸く倉庫の整理と手入れができるようになり、中を検《あらた》めてみたのだが。

「例の六枚の板が、一枚なくなって、五枚になっていたんです」

自宅脇の倉庫の鍵、窓、戸、長持にもさらしにも、盗まれた痕跡はない。他の、もっと価値のありそうな骨董品も無事である。

減った一枚は、板を繋いだときに、左から二番目に当たる部分。もちろん警察に届けたが、未だに見つかっていない。何故、一枚減ったのかは、未だ謎のままだ。

「私は一人っ子なので、父の後にこの画を継ぐのは私なんです。ただ、結婚したら名字が変わることになるので……」

太田さんは困ったように続けた。

お年頃なので、具体的に名字が変わるアテがあるのだという。

「私の名字が変わってしまったら、○○さんは、取りに来られるんでしょうか……やっぱり、父の実家に置きっぱなしにしておくのが良いんでしょうか」

どうするべきか、正直、決めかねているという。

そして、一番困っていることといえば。

「もし取りに来られたとして、板が減ったことを謝罪するのは厭だなぁって」

だって、私のせいじゃないし。太田さんはそうため息をついた。

未確認存在

仙台城にある伊達政宗公の騎馬像。
この像、仙台市の空に舞ったことがある。
と言っても、修理のためクレーンで釣り上げられたことを指す。釣り上げ時、たまたま居合わせた観光客はとても驚いたという。

驚いた飛翔物体と言えば、仙台市上空に停止していた〈白い物体〉を覚えている方もいらっしゃるだろう。

二〇二〇年、六月十七日の早朝から確認されたその飛行物体は、数多くの市民の目で確認された。前日の夕方に秋田県でも視認されていたようだが、同じ個体かどうかは不明である。サイズや構造……否。正体そのものが不明のままだ。

上空一五〇〇から一〇〇〇〇メートルの高度を飛んだそれは、気象観測用のラジオゾンデに似ているが、届け出も何もなく、飛翔の目的すら定かではない。一説に依れば〈アメリカ・アイオワ州でのイベントで飛ばされた気球に無線機を付けたものである、特に意味がないものが太平洋を渡り、遠く仙台市上空までやって来たもの〉らしい。当然、その気球を制作した相手にも問い合わせをしたが、梨の礫である――とのことだが、それが本当なのか断じるには資料や情報が足りない。

だから、現状何もわかっていない、としか言えない状態だ。

バルーン下部にあるフレームに取り付けられたプロペラ状動力により、一時期空中に止まり続けていたことは確かであり、何らかの意図を持って操作されていた可能性が高いようにも思うが、それもまた妄想に過ぎない。

――が、この未確認空中現象（UAP：Unidentified Aerial Phenomena）について、二〇二三年二月、ある新たな情報がもたらされたことを書きそえておこう。


さて、この飛行物体の話題が全国ニュースで報じられて翌年のことだ。

鳥取県から仙台市を仕事で訪れた人物がいる。

彼女は、件の白い飛行物体のことを覚えていた。

だから、仙台駅から出たとき、何げなく上空を見上げてみた。

我が目を疑った。

紺碧の空の中、キラキラと輝くものが十数個、頭上を飛んでいるのだ。

どう見ても、既知の、少なくとも自分が知る飛行物体ではない。

強いて言うなら、十数羽が一塊になった鳥の飛び方に似ていた。

だが、どれも鳥の形ではなかった。

楕円形、或いは菱形をしていた、と思う。

厚みはなく、薄い板状に思えた。全てが横回転し、陽光を反射している。

大きさは――正しい例えかわからないが――大人が精一杯空に向かって腕を伸ばしたときの、小指の爪大はあったはずだ。

それらが群れを成し、空を一直線にすうっと横切った。

色味はシルバーのものもあれば、薄いゴールドのものもある。光の反射の具合は、どちらかといえば鏡のようだった。

そして、それらは建物の陰に入り、見えなくなった。

時間にして僅かな間の出来事だった。

空の真ん中に現れたことで、比較対象もなく、正確な大きさも高度もわからない。

形や厚みが読み取れたのだからそこまで距離はないのだろうが、それもまた確実ではない。

飛行体は仙台駅方向から飛んできた。仙台城跡がある方角だった。

どう見ても通常の飛行物体ではない。そして報道された白いバルーンでもない。

彼女は興奮して周りを見回したが、周囲の通行人は全く騒いでいなかった。

自分だけが目撃したのだと、それで理解できた。

少し落ち着いてから、さっき見たものが何だったのかを考えてみるのだが、自らが持つ知識だけでは到底正体の予想もできない。

その場はただ「わからない何かを見た」で済ませた。

後日、知り合い数人に目撃したことを教えたが、誰ひとり正体を看破できなかった。

◆

仙台市上空に白い物体が現れるより、十年ほど前だ。

北海道から仙台市を訪れた人物も、正体不明の飛行体を目撃している。

二十代の男性で、友人と二人旅行の最中の出来事だった。

彼らの旅は〈飛行機で一度東京へ入り、その後北上。途中でレンタカーを借り、足の向くまま気の向くままの旅をしよう〉という計画だ。

旅の始まりから三日目、とっくに日が暮れた時間帯だった。彼らは予定通りレンタカーを借り、南相馬市方面から北上するコースの下道を走っていた。

宿泊予定のホテルは仙台市だったので、到着がかなり遅くなると一報を入れておく。

高速を使えば良いのだが、できるだけ節約をしようと決めていたのだ。

右手に暗い海を望みながら走る。車通りはまばらで、後方にいた一台もいつの間にかいなくなっている。すれ違う車も殆どなくなってきた。

時計はすでに午後十時前を指している。

助手席の友人が「何処かで左側へ入っていかないと、仙台市が遠のくぞ」と言う。

では何処で曲がるべきかを相談していると、右手側が薄明るくなった。

何げなくそちらへ視線をやると、海の彼方にボンヤリとした光が横並びに見える。

一つ、二つ、三つ……全部で九つか。

烏賊《いか》漁か何かの船かと思ったが、その光は朧気だ。

水面で反射している位置より、光源はかなり高所にあった。

というより、海面よりずいぶん高い場所で光っているように見える。

いや、それよりおかしいのは、目で感じている光量とズレがあることだ。

弱い光であるはずなのに、自分達が走る道路上まで照らされているのだから。

インパネの光源以外ない車内も薄明るくなるほどだった。

助手席の友人が戸惑うような声を上げた。おかしい、何だ、と。

彼がウインドウを開けようとしたときだった。

九つの光は、一瞬暗くなり、また元の光量へ戻った。

そして、空へ向かってまっすぐに浮かび上がり、そのまま上空へ消えた。全ての光が全く同じ動きをしていた。

呆気に取られたのもつかの間、彼と友人は軽いパニックに陥った。

お互いに持論をぶつけ合ってみても、何も解決しなかった。

ふとインパネに填まったカーナビの時計を目にし、思わず声を上げた。

「これ、狂ってないか？」

午前一時過ぎになっている。

友人が自身の腕時計と照らし合わせる。同じ時刻を指していた。

さっき謎の光を見てからさほど時間は経っていない。

確か、午後十時前だった。

光が現れて消えるまでも、ほんの僅かな時間のはずだ。その間、いや、今まで車は一度も停めていない。走り続けている。

しかし、約三時間、時間が消失していた。

理由は未だにわからない。

光が現れ、消えた場所は若林区に入るよりずっと手前だったようだが、ずいぶん前であることと、彼らに土地勘がないことによって詳細な場所は限定できなかった。

ただ、仙台市へ向かう途中、太平洋側であることは確かである——。

◆

昨今、獣害の話題には事欠かない。

山の生き物が町中に現れて、人を襲う事件が多発している。

仙台市でも同様で、時折ツキノワグマが市内に出没するという。

出没すると言えば、仙台市のある宮城県で野良カンガルーの目撃が報告されたことを覚えている方々も多いだろう。

宮城県大崎市岩出山、真山地区周辺での話だ。

サイズは一メートル以上ある。道路上を跳ねていた。田んぼの中を猛烈なスピードで駆けていた。山から親子二頭が現れた。車を追い抜いていった——。

夜行性だからか、夜の目撃が多いようだ。カモシカなどではなく、確実にカンガルーだったと皆口を揃えて言う。

目撃は二〇〇二年頃から始まっており、以降様々な人の目に触れ続けた。

仙台市の八木山動物園にもカンガルーはいるが、脱走の事例はない。

では、何処からやって来たのだろうか。そもそも寒さに弱いカンガルーが何年も冬を越して生き残れるのか。依然謎は深まるばかりだ。

因みに、野良カンガルーは福島県伊達市や岐阜県でも現れているとも言う。

このカンガルー騒動から後、二〇一七年春に某人が観光で家族と仙台市を訪れた。「宮城県にカンガルーが出没している」程度の知識はあったが、彼の中では何故か「仙台市にカンガルーが出ていた」と変換されていた。

地元ではないが故の勘違いだろう。

レンタカーを運転しながら、妻や子供に「何処かにカンガルーがぴょんぴょん飛んでいるかもしれないから、探してみたら良い」と軽口を繰り返し叩いてみる。すでに大学生だった娘と高校生の息子は生返事を繰り返すだけだった。

滞在二日目に、家族は泉区へ出かけた。

イチゴ狩り、アウトレットモールや日帰り温泉が目当てだ。

途中、立派な図書館があることも知り、休憩がてら立ち寄ってみたが、想像より大きく綺麗だったことに驚いた。

色々楽しんだ後、ホテルのある青葉区へ向かう。

すでに薄暮となっていた。

車通りが多い道路で信号待ちをしていると、歩道で何かが動いている。

歩行者ではない。すわ、カンガルーかと某人だけが色めき立った。が、サイズが小さい。

野良犬かと思ったが、何かが違う。

日本犬っぽいのだが、どの犬種だと限定できない。

胴体はほっそりしており、足が短い。立った耳も丸みを帯びているように感じる。日が暮れだした時間帯とはいえ、背中と尾の先だけが黒っぽいことだけはわかった。

変わった犬だな、雑種だろうかと考えていると、後部座席の息子が声を出した。

「変な犬だ。犬種は何だろう」

彼も気付いたようだ。

妻と娘も窓の外を見たが、何処が変わった犬なのかと口々に文句を言う。

歩道の向こうから自転車がやって来た。変わった犬は少し驚いた様子で道路に飛び出ると、そのまま横断し、対岸の路地へ消えていった。

犬の話題はそこまでだったが、気になって仕方ない。

ホテルに戻った後、スマートフォンで目撃した犬の特徴を入れてみる。ヒットするのはどれも違う犬種だった。

結局、よくわからないただの雑種犬だと結論づけられた。


その後、一年か二年後だったか。

たまたま点けていたテレビに、あの日見た犬に似た姿が映っていた。

それは、幻のニホンオオカミ、とされていた。

ニホンオオカミ。二十世紀初頭に絶滅したと言われる動物だ。

興奮してきた。一緒に見ていた妻に、仙台旅行のときに目にした犬の話をしてみるが、あまりピンときていない。バイトから戻ってきた娘も同様だった。ただ息子だけが「これ、あのときの奴に似てる」と同意してくれた。が、冷静に「でも時間が経っているから、記憶との比較もあまり確実性がない。あのときの奴はただの犬の可能性も高い」と論じた。

もちろん、彼も完全にニホンオオカミを見たと思っていない。それでも、もしかしたらという期待だけは持ち続けた。


以降、偶にニホンオオカミのことを調べる。

日本全国で目撃例があり、今も生き残っていると信じている人は多いようだ。

調べるうち、あの仙台市泉区の二十六夜森に狼信仰の石碑が残っていることを発見した。

三峯大権現と彫られており、江戸後期のものだ。秩父の三峯神社の〈お犬さま信仰〉との繋がりを思わせる。三峯神社と言えば、狼信仰である。

更に、同じく泉区では明治三十五年までニホンオオカミ達がゴミを漁りに来ていたという資料が残っている。

仙台市泉区にもニホンオオカミがいたことと狼信仰があった事実に、やはりあの日目撃したものは、と想像してしまう。

ただし「いやいや、単なる野良犬だろう」ともう一人の冷静な自分も存在する。
どちらにせよ、やはりそこにロマンを感じて仕方がない。
いつかまた仙台市へ赴き、探してみようと思っていると某人は締めくくった。

ここまで、仙台市で目撃された未確認存在について書いてきた。
どれもたまたま訪れた方々による談話である。
正体について、敢えて論じない。後は読者諸兄姉の判断にゆだねよう。

執筆者別作品リスト

森野美夜子

お化けトイレ（青葉区）
仙台四郎の木（青葉区）
葛岡霊園（青葉区）
ホテル木町（青葉区）
三居沢不動尊（青葉区）
深夜の七夕見物（青葉区）
六道の辻（宮城野区）
ある喫茶店 運命の人（宮城野区）
ある喫茶店 背後の霊（宮城野区）
宅配トラック（宮城野区）
訪問者（宮城野区）
短期物件（宮城野区）
お狐様の休憩所（若林区）
お茶っこのみ（若林区）
ガマの神様（若林区）
芋煮会（若林区）
講堂の幽霊（若林区）
供養（若林区）
寺町の子供たち（若林区）
猫の塚（若林区）
拝み屋（若林区）
みいちゃん（太白区）
肝試し（太白区）
空襲（太白区）
秋保大滝（太白区）
落下する人（太白区）
回る人影（泉区）
適材適所（泉区）
田舎暮らし 白い犬（泉区）
田舎暮らし 赤トンボ（泉区）
幽霊屋敷（泉区）

藤田りんご

潜伏キリシタン（青葉区）
捏造心霊スポット（青葉区）
縛不動（青葉区）
助言（青葉区）
なく女（若林区）
六枚の板（泉区）

久田樹生

ブロマイド（青葉区）
橋（青葉区）
与兵衛沼（宮城野区）
深沼海水浴場（若林区）
ひせん（太白区）
太白山（太白区）
未確認存在（泉区）
伊達政宗公と支倉常長公（コラム）
政宗公と刀剣（コラム）
仙台市と山々（コラム）
仙台市と食文化（コラム）

★読者アンケートのお願い

本書のご感想をお寄せください。アンケートをお寄せいただきました方から抽選で 10 名様に図書カードを差し上げます。
（締切 2023 年 4 月 30 日まで）

応募フォームはこちら

仙台怪談

2023 年 4 月 5 日　初版第一刷発行

著者……森野美夜子、藤田りんご、久田樹生
カバーデザイン……橋元浩明（sowhat.Inc）

発行人……後藤明信
発行所……株式会社　竹書房
〒 102-0075　東京都千代田区三番町 8-1　三番町東急ビル 6F
email: info@takeshobo.co.jp
http://www.takeshobo.co.jp
印刷・製本……中央精版印刷株式会社